Monografieën van Nederlandse architecten

onder redactie van prof. Wim Crouwel, Hans van Dijk, prof. dr. Wessel Reinink en drs. Bernard Colenbrander (secr.)

op initiatief en met financiële steun van het Prins Bernhard Fonds

onder verantwoordelijkheid van het Nederlands Architectuurinstituut

Monografieën van Nederlandse architecten

Herman Hertzberger

ARCHITECT

Wessel Reinink | Fotografie: Klaus Kinold

UITGEVERIJ 010 ROTTERDAM

Documentatie

D'Laine Camp, Michelle Provoost, Rotterdam

Natascha Drabbe, Utrecht

Tekeningen

Architectenbureau Herman Hertzberger, Amsterdam

Vormgeving

Reynoud Homan, Amsterdam

Druk

Rosbeek bv, Nuth

Omslagfoto

Apolloscholen, Amsterdam

Foto's pag. 27 en 28

Jan Versnel, Amsterdam

Foto's pag. 29, 34 en 41

Herman Hertzberger

Foto's pag. 32, 33, 35, 37, 38

Johan van der Keuken, Amsterdam

Copyright 1990

Uitgeverij 010 Publishers

Wessel Reinink (tekst)

Klaus Kinold (fotografie)

CIP-gegevens

Reinink, Wessel

Herman Hertzberger, architect / A.W. Reinink;

Klaus Kinold (fotogr.). – Rotterdam:

Uitgeverij 010. – Ill., foto's. – (monografieën

van Nederlandse architecten; 5)

Tekst in het Nederlands en Engels.

– Met bibliogr., lit.opg.

ISBN 90-6450-101-7

SISO 716.8 UDC 72 (492)"19" NUGI 923

Trefw.: Hertzberger, Herman / bouwkunst

Inhoud

7
Structuur en lyriek

25
Projectdocumentatie

26
Fabrieksuitbreiding LinMij, Amsterdam

30
Studentenhuis, Amsterdam

36
Lagere Montessorischool, Delft

40
Prijsvraagontwerp Stadhuis, Amsterdam

42
Kantoorgebouw Centraal Beheer, Apeldoorn

52
Uitbreiding kantoorgebouw Centraal Beheer, Apeldoorn

54
Muziekcentrum Vredenburg, Utrecht

64
Apolloscholen, Amsterdam

72
Bejaardentehuis De Overloop, Almere Haven

76
Woningencomplex LiMa, Berlijn

80
Openbare Basisschool De Evenaar, Amsterdam

86
Stedebouwkundig ontwerp Bicocca-Pirelli, Milaan

88
Ontwerp Gemäldegalerie, Berlijn

92
Filmcentrum Esplanade, Berlijn

96
Waterwoningen Zuiderpolder, Haarlem

98
Uitbreiding basisschool, Aerdenhout

102
Ontwerp Bibliothèque de France, Parijs

108
Ontwerp Kulturzentrum am See, Luzern

110
Ministerie van Sociale Zaken en Werkgelegenheid, Den Haag

124
Biografie

125
Projecten

126
Bibliografie

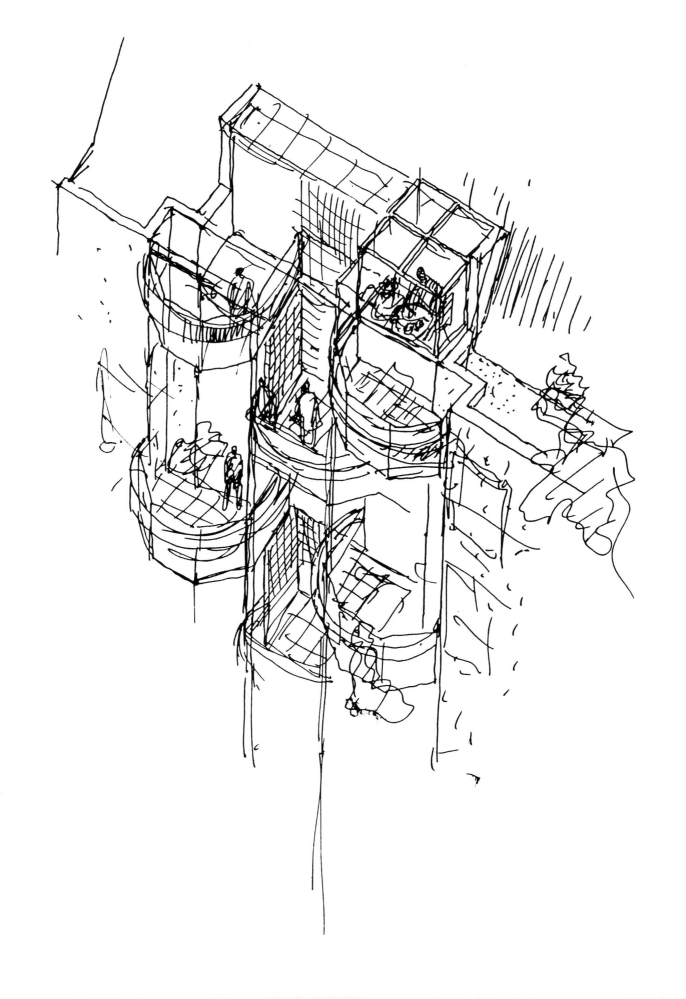

structuur en lyriek

■ Een van de verrassingen in de Nederlandse architectuur uit de vroege jaren zestig verscheen onverwacht voor wie bij het station Amsterdam-Sloterdijk in zuidelijke richting keek. Daar bleek een ongewone structuur bovenop een nondescript donker industriegebouw te zijn gezet, een structuur die een vreemde uitstraling had en die tegelijkertijd haar geheimen niet prijsgaf. Het geheime was gelegen in het feit dat de functie van dit bouwsel niet duidelijk was. Het vermoeden bestond wel dat het een uitbreiding van het bedrijf moest zijn. Zijn naam (LinMij), op de schoorsteen en op een reclame-staketsel, probeerde het bedrijf weliswaar niet te verheimelijken, maar toch had het bij deze uitbreiding niet gekozen voor een luidkeelse architecturale vorm die de naamsbekendheid van het bedrijf een extra impuls had kunnen geven. Dit trof des te meer omdat de vormgeving van deze opbouw weloverwogen en verzorgd bleek te zijn: daarin was dan ook de uitstraling gelegen.

■ Die uitstraling had dit complex omdat het – bij alle *understatement* dat erin besloten was – zich uitdrukkelijk manifesteerde als een bouwsel dat gemaakt was met het oog op zicht en licht. Elk van de als het ware in elkaar geschoven elementen lag als een oog op de uitkijk; de muurdelen van glazen bouwstenen vertoonden zich als collectoren van licht. Daarmee werd een uitwisseling van optische gegevenheden tot expressie gebracht, een geven en nemen dat ieder van de elementen een gelijkwaardige rol in dit tweerichtingsverkeer had toebedeeld. Door de indifferente, donkere onderbouw gaf deze fijngelede structuur de indruk van een erop gemonteerd juweel, of – met reminiscenties aan de stralende verbeeldingen van alpine glas-architecturen in de fantasieën van Paul Scheerbart – van een kristallijnen bouwsel bovenop een donkere rots: de uitbreiding van de LinMij 'zat' uitdrukkelijk op het oude gebouw, rustig op de uitkijk.

■ Degene die de moeite had genomen om aan dit bouwsel zoveel talent en liefdevolle aandacht te schenken was de toen dertigjarige Herman Hertzberger. Via een ver familielid, dat geen enkele belangstelling voor architectuur had, had hij deze utilitaire opdracht – voor een naai-atelier bij het handdoekenverhuurbedrijf – gekregen. In plaats van de door de directie verwachte fabriekskeet verrees bovenop het bestaande gebouw een manifest voor de toekomstige architectuur. In essentie kwam dit manifest neer op erin voorgestelde oplossingen voor een structuur die verdere uitbreidingen toelaat en waarbij iedere fase van uitbreiding op zichzelf een voltooid karakter moet hebben. Iedere nieuwe toevoeging zou dan weer een afgerond geheel moeten kunnen vormen. De middelen die in concreto dit doel dienden bestonden uit een modulaire opbouw van gevel- en dakgeledingen, alles overeind gehouden door geprefabriceerde gewapend betonnen dragers en balken. Het beginsel van prefabricage werd op demonstratieve wijze in het zicht gebracht: in de buiten de gevels naar voren komende draagstructuur waren op vaste punten 'oren' in de staanders aangebracht. Deze zetten zich voort in de betonnen muurdelen in de ruimte van het atelier als uitkragingen waarop de daken als deksels gelegd waren. Door de omstandigheid dat per geleding geveldelen ten opzichte van elkaar verspringen komen deze uitkragingen ook opzij in het exterieur in het zicht en het is vooral dit aspect dat de suggestie geeft dat het hier gaat om een structuur die in principe onbeperkt als uitbreidbaar moet worden gezien, als ware het een doe-het-zelf opstapeling van uitschuifbare laden.

■ Deze expressie van het beginsel van uitbreidbaarheid is een fundamenteel aspect van een belangrijk deel van het oeuvre van Hertzberger. Men moet kunnen zien welke mogelijkheden er voor de toekomst zijn geïmpliceerd en geëxpliceerd. In overeenstemming daarmee moet men ook kunnen zien hoe er is gebouwd. In zijn verschijningsvorm bestaat deze opbouw uit onderdelen die elk hun gewicht hebben en dit gewicht wordt door het geraamte gestut. Alles is gestapeld en wil ook zo gezien worden: de lateien, de glazen stenen, de daken. Toch is er een moment van zweven, waarmee de architectuur lijkt aan te knopen bij de 'heroïsche' periode van de Moderne Beweging. Dat moment is gelegen in de onduidelijkheid die wordt gelaten over de wijze waarop de constructie als geheel wordt gedragen. Door de lichte kleur van het beton en door het vele glas vertoont de uitbreiding zich als van een lager soortelijk gewicht dan de 'rots' waarop hij 'zit'. Dit onmonumentale, relatieve gebrek aan zwaarte draagt bij tot de uitdrukking van voorlopigheid.

■ Het niet-monumentale sluit aan bij de opvatting die de ontwerper had over het soort opdracht. Het gaat hier om architectuur voor de arbeid. Deze wordt niet geheroïseerd, zoals bij voorbeeld in de architectuur van Behrens voor de AEG-fabrieken in Berlijn. Hertzberger heeft in zijn gebouw humanisering van de arbeid tot uitdrukking willen brengen. Wat dit aspect betreft was zijn grote voorbeeld de Van Nellefabriek in Rotterdam van Brinkman en Van der Vlugt. In Hertzbergers geschriften duikt niet toevallig meermaals een verwijzing op naar Le Corbusier, waarin deze de dag waarop hij deze fabriek bezocht beschrijft als een van de mooiste uit zijn leven. Le Corbusier bleek vooral getroffen door het licht op de werkvloer en het grandioze uitzicht over de omgeving dat de arbeiders werd geboden.[1]

■ Ook Hertzberger zorgde voor uitzicht voor de mensen die in zijn naai-atelier zouden werken. De manier waarop is echter veel gedifferentieerder dan bij de grote ruimten van de Van Nellefabriek. Daar is sprake van een vliesgevel, waarachter de kolommen zich op enige afstand van de onafgebroken glaspui bevinden. Bij de LinMij zijn de betonnen dragers in hun volle plasticiteit *in* de gevel geplaatst en daartussen bevindt zich een onorthodoxe opbouw van gevelzones die telkens de hele breedte tussen de kolommen opvullen. Aan de westzijde, boven de borstwering die de hoogte heeft van de werktafels, zijn er lage vensterpuien die duidelijk zijn gedimensioneerd op de menselijke maat – zulks in contrast met de grote hoogte van het atelier. Links en rechts kan men hier venstertjes opendoen, van een toen ongewoon vierkant formaat. Het beste uitzicht heeft men als men aan een naaitafel zit. Door dit alles is er bij zo'n tafel wezenlijk een 'plek' gecreëerd. Als men gaat staan, is het niet meer mogelijk om in horizontale richting uit te kijken: een betonnen ligger en daarboven een muur van glazen bouwstenen belemmeren het uitzicht. Maar ook deze zone, hoezeer zij ook grotendeels buiten handbereik is gelegen, biedt mogelijkheden voor dagelijks gebruik. De betonnen ligger kan aan de binnenzijde als vensterbank dienen en biedt plaats voor planten en dergelijke. Boven de zone van glazen stenen bevindt zich weer een betonnen ligger, met weer daarboven een vensterstrook van een zelfde hoogte en indeling als die welke zich boven de borstwering bevindt.

■ Aan de buitenzijde lijkt het erop dat de laatstgenoemde ligger ook weer een borstwering is, alsof zich daar een verdieping bevindt. De LinMij is berstens vol van dergelijke dubbelzinnigheden. Mede door de wisselende hoogte van de traveeën ontstaat op vele plaatsen een veranderde betekenis bij overeenkomstige onderdelen. In verticale zin is er vaak sprake van een drieledige opbouw. De daaruit resulterende verticale bijna-symmetrie is revolutionair omdat zij ertoe tendeert de gebruikelijke hiërarchie van boven en onder in de architectuur op te heffen. Waar er binnen zo'n drieledige opbouw sprake is van een omslag van betekenis van een onderdeel, kan dit – in muzikale termen uitgedrukt – gezien worden als de spiltoon in een modulatie van de ene naar de andere drieklank. Dergelijke overgangssituaties zijn kenmerkend voor het hele verdere oeuvre van Hertzberger. (Dit is overigens ook het geval ten aanzien van het ontbreken van vensters in de zin van gaten in de muur. Dergelijke elementen zal men maar zelden in zijn werken aantreffen.) Vol zelfvertrouwen noemde Hertzberger zijn eerstvoltooide werk dan ook een 'prototype'.

Foto's

■ Veel gebouwen van Hertzberger – zoals ook de LinMij – zijn sinds hun voltooiing gewijzigd en verbouwd. De oorspronkelijke toestand kunnen wij alleen uit oude

Van Nellefabriek, Rotterdam 1926-1930, J.A. Brinkman, L.C. van der Vlugt

[1] 'Je dis que la visite de cette usine fut l'un des [plus] beaux jours de ma vie' (uit Le Corbusier, *La ville radieuse*, onder andere geciteerd in H. Hertzberger, 'La tradizione domestica dell'architettura "eroica" olandese', *Spazio e Società* 1981 nr 13, 81

fotografische opnames leren kennen. Hierin is ook de reden gelegen dat in dit deel van de monografieënreeks de foto's niet alle door een en dezelfde fotograaf zijn gemaakt. Het is niet zonder belang om hierop te letten. De prachtige foto die hij destijds zelf van het interieur van de LinMij maakte (zie pag. 29), benadert op een directere wijze de mentaliteit van waaruit Herman Hertzberger toen architectuur ontwierp, dan een die vandaag zou zijn gemaakt. Dat komt niet alleen omdat de erop gefotografeerde mensen daar waarschijnlijk al lang niet meer werken. De fotograaf is kennelijk geboeid geweest door het licht dat op zo'n gevarieerde wijze, via het vensterglas op verschillende hoogten en door de glazen stenen – en ook door de pui van de ingebouwde loggia – naar binnen komt. Maar deze geboeidheid door het licht heeft niet alleen te maken met wat bij voorbeeld voor Le Corbusier de essentie van architectuur was – het spel van het licht met de volumes – maar meer nog met de relatie van dit spel met wat er in zo'n ruimte als dit atelier nodig is voor de mensen die erin werken. Het licht wordt hier verbeeld als behorend tot een wezenlijke behoefte van de mens bij zijn dagelijkse arbeid. Dat de foto zelfs associaties kan oproepen met een opera-scène (waarom niet de sigarettenfabriek waarin Carmen werkt?) hoeft niet in te houden dat de maker ervan als een van die dagelijkse arbeid vervreemde kunstenaar een dergelijk scenisch beeld als een toevallige uiterlijkheid heeft vastgelegd. In zijn eerbied en liefde voor de mensen – en deze woorden bezigde Hertzberger, niet bevreesd om als pathetisch te worden weggehoond, in deze jaren ook in geschrifte – wilde de architect ook een dergelijk lyrisch en avontuurlijk element in zijn gebouw opnemen.

■ Doorgaans zijn in publikaties van en over Hertzberger mensen in en bij de gebouwen meegefotografeerd. Dit is essentieel omdat met de architectuur uitnodigingen tot gedrag zijn beoogd. In zekere zin is voor hem altijd de vorm zonder menselijke reactie daarop van haar zin beroofd. Het is in dit boek echter de bedoeling dat de nieuw gemaakte opnames meer aandacht vragen voor de puur formele kwaliteiten in het werk.

Forum

■ Het genoemde reportage-achtige karakter van architectuurfoto's sloot aan bij een mentaliteit, die zich enige jaren voor de opdracht voor de LinMij had gepresenteerd en die de geschiedenis is ingegaan onder de naam 'Forum'. Hertzberger is deze mentaliteit tot op de dag van vandaag trouw gebleven. In essentie staat zij voor een ongescheiden eenheid van alle sectoren van het leven waarmee architectuur te maken heeft. Volgens deze visie horen kunst en dagelijks leven bij elkaar, is kunst niet te scheiden van architectuur en architectuur niet van de essentiële behoeften van de mens als individu en als lid van de maatschappij. Het was een mentaliteit die een reactie vormde tegen de gang van zaken bij de Wederopbouw. Het was een poëtische sensibiliteit die stelling nam tegen depersonaliserende massa-woningbouw en tegen een scheiding van architectuur en stedebouw. Kleine en grote dingen in onze omgeving van artefacten behoren in de visie van 'Forum' principieel evenveel liefde en aandacht te krijgen, alles ter wille van een humaan en vrij bestaan voor zowel volwassenen als kinderen. Die humanisering werd programmatisch verwoord in trefwoorden als 'plek', 'drempel', 'ontmoeting': alle bedoeld als levensnoodzakelijke eigenschappen die architectuur en stedebouw zouden moeten herbergen.

■ Zoals bekend, staat 'Forum' voor de groep architecten die in de jaren 1959-63 optrad als redactie voor het gelijknamige blad. Onder anderen Aldo van Eyck en Jaap Bakema, de twee Nederlandse leden van Team x, gaven dit tijdschrift, dat al sinds 1946 het orgaan van het Genootschap Architectura et Amicitia was, een ongehoorde wending. Herman Hertzberger werd als zopas in Delft afgestudeerde jongere erbij gevraagd. Hij heeft deze periode ervaren als een postdoctorale opleiding. Wat Van Eyck en Bakema op de redactievergaderingen inbrachten heeft op hem een blijvende

indruk gemaakt en gaf hem het gevoel dat zijn tijd aan de Technische Hogeschool een 'hersenspoeling' was geweest.[2] Zo althans drukte hij zich later uit, toen hij memoreerde dat zijn studietijd zich juist had bevonden tussen de eerste confrontaties met de twee gebouwen die misschien wel het meest een beslissende betekenis voor hem hebben gehad. Een bezoek aan het Maison de Verre van Chareau en Bijvoet in Parijs had hem destijds doen besluiten om architect te worden. (Dit is overigens tot op vandaag de architectuur waaraan hij altijd wil blijven refereren.) Het andere gebouw was het Burgerweeshuis van Van Eyck, dat juist in aanbouw was toen Hertzberger tot de Forumredactie toetrad. 'Mij heeft dit gebouw op 't spoor gezet' [en kwam] 'voor mij precies op het juiste ogenblik', schreef hij later.[3]

■ In de 'Forum'-jaren heeft Hertzberger zich misschien het meest geconcentreerd op de bestudering van vormen voor overgangsruimten tussen het openbare en het privé-gebied. In het achtste nummer van *Forum* van jaargang 1959 publiceerde hij een fotografische studie van combinaties van gestapelde lucifersdoosjes, die overtuigt door haar eenvoud. Ze laat zien, hoe door simpele herschikkingen van standaard-elementen overgangsgebieden tussen openbaar en privé bij wijze van spreken als geschenk ontstaan. De reeks voorbeelden loopt van het uiterste van een gesloten blok zonder dergelijke overgangsgebieden naar het andere waarin in een structuur een wederzijdse doordringing van beide genoemde arealen plaatsvindt.

■ Een dergelijke studie veronderstelt tegelijkertijd een zoeken naar interessante vormen voor standaard-elementen, ruimtelijke cellen, en naar bevredigende structuren waarin die kunnen worden geschikt in een a-monumentaal, niet-hiërarchisch verband. Welsprekende voorbeelden daarvan zijn de LinMij en de Montessorischool in Delft. Het meest spectaculaire gebouw uit de 'Forum'-tijd heeft dit karakter echter niet. Het Studentenhuis aan de Weesperstraat in Amsterdam, waarvoor Hertzberger samen met T. Hazewinkel nog voor zijn afstuderen – en dus nog voor de 'Forum'-periode – de prijsvraag gewonnen had, leende zich door de stedebouwkundige randvoorwaarden daar niet toe. Het is qua hoofdopzet een Corbusiaans appartementengebouw, niet in het minst door de portiek op de begane grond, de vele openbare functies en de 'straat' ter halve hoogte. Maar in zijn uitvoering heeft Hertzberger er een veel groter scala van overgangsgebieden en 'uitnodigende vormen' in aangebracht dan Le Corbusier bij voorbeeld in zijn Unité d'Habitation in Marseille had gedaan. Uiterst Corbusiaans is bij uitstek de vorm die werd gegeven aan de betonnen banken op de woonstraat, die vele gebruiks- en associatiemogelijkheden bieden.

Montessorischool Delft

■ De Montessorischool in Delft, in eerste aanleg in 1960 ontworpen en later nog twee keer uitgebreid, laat in haar vroegste versie het meest van al Hertzbergers werken de invloed van Van Eyck zien. In de plattegrond zijn ter weerszijden van een hal de klasruimten trapsgewijze gegroepeerd. Niet alleen is hiermee wat Hertzberger 'de gebruikelijke lokalentrein' noemt vermeden, maar is ook per klasruimte een rijkere vorm ontstaan: niet een rechthoek of vierkant, maar een combinatie van twee rechthoeken die een L-vorm oplevert waarvan de ruimtelijke kwaliteit wordt verrijkt door een niveauverlaging van de naar binnen liggende poot van de L. Aan de binnenzijde van de L zijn per klas de garderobes als vanzelfsprekend in een hoek, schuin tegenover de klasdeuren, ingenesteld. Op deze plek, die van boven daglicht ontvangt door erboven opgebouwde vensterlantarens, kan desgewenst ook nog een werktafel geplaatst worden voor een groepje kinderen met een aparte taak.

■ Levert deze grondstructuur al een ongemene verlevendiging op van de ruimtewerking in en om de klassen, vele andere subtiele middelen dragen daar nog toe bij. Waar deze vooral op neerkomen is een ongebruikelijke lichtval (bijvoorbeeld achterin de verdiepte gedeelten van de klasruimten) en allerlei details die overgangsgebieden tussen binnen en buiten en tussen de vertrekken onderling tot stand brengen. Zo

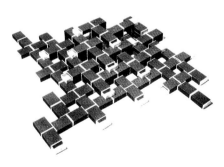

Burgerweeshuis, Amsterdam 1955-1960
A. van Eyck

Studie voor combinaties van gestapelde lucifersdoosjes, *Forum* 1959, nr. 8

[2]
H. Hertzberger, 'Het twintigste-eeuwse mechanisme en de architectuur van Aldo van Eyck', *Wonen TABK* 1982 nr 2, 13

[3]
Zie noot 2

haken de ruimten bijna naadloos bij elkaar aan, even onverbrekelijk als in de gevels hoofd- en restvorm elkaars gelijkwaardige partners zijn: de puien versmallen en verbreden zich in dier voege dat de gestapelde penanten resteren als antropomorfe vormen. Deze herinneren aan de verbeelding van combinaties van zuilen en kapitelen in de gevels van het Weeshuis van Van Eyck. Hier lijkt Hertzberger in concurrentie te zijn met zijn leermeester, waarschijnlijk daarbij bovenal geïnspireerd door het voorbeeld van de Casa Güell van Antoni Gaudí in Barcelona. Dit zou ook in overeenstemming zijn met Hertzbergers eigen ontwerpwijze. Anders dan Van Eyck, die primair ontwerpt vanuit plattegronden en de opstanden daarna ontwikkelt, denkt Hertzberger (evenals Gaudí dat deed) bij het ontwerpen voortdurend in combinaties van beide.

■ De Montessorischool is eigenlijk één doorlopend systeem van ruimten en overgangsruimten. Hiermee is dit gebouwtje een prachtige uitdrukking van een proces, waar het opgroeiende kind het meest behoefte aan heeft: gevoelsmatig experimenteren met mengsels van fantasie en werkelijkheid binnen daartoe geëigende domeinen. In vertaalde teksten die toelichting geven op deze school – en ook op andere gebouwen van Hertzberger – is sprake van de term 'transitional zone' (Frans: zône intermédiaire) als aanduiding voor een overgangsruimte, zoals hiervoor bedoeld. We lijken hier terecht gekomen bij een van de kernen in het denken van de grote Britse kinderanalyticus D.W. Winnicott, waarin termen als 'intermediate area' en vooral 'transitional object' een centrale rol spelen.[4] De 'intermediate area' is het psychische terrein waarbinnen bij het prille ontwikkelingsproces van een kind een uitwisseling kan plaatshebben tussen een creatieve fantasie over de (nog niet gekende) buitenwereld en een toetsing aan de echte buitenwereld. De fantasie is daarbij als het ware nog inhoudsloos; door de toetsing aan de werkelijkheid wordt zij ingevuld met voorstellingen. In de relatie met de moeder, die in het goede geval anticipeert op de wensen van het kind, is deze 'intermediate area' het gebied waarin de verlangens en strevingen van beiden elkaar overlappen. Het hoort aan geen van beiden toe; het is een 'neutrale' zone waarbinnen het kind rustig zijn eigen ervaringen kan opdoen. Dit mechanisme blijft gedurende het hele verdere leven een rol spelen.[5] Ons vermogen tot fantasie, tot een omvorming van de werkelijkheid door verbeelding, kan niet tot ontplooiing komen zonder deze 'intermediate area', die in de visie van Winnicott noch tot het subject noch tot het object behoort.

■ In Hertzbergers Montessorischool wordt bij de hoofdingang en bij talloze andere zones waar ruimten elkaar overlappen, niet alleen in overdrachtelijke maar ook in letterlijke zin, aan het kind de onbedreigde gelegenheid geboden om een nog onbeschreven fantasie in zich te laten opkomen (samenhangend met zaken als de ongewisheid erover, of je binnen bent of buiten) en deze fantasie te verrijken door de ervaring van de werkelijkheid.

■ Op letterlijke en op overdrachtelijke wijze lijkt dus hier in architectonisch-ruimtelijke zin iets te worden verschaft waaraan het kind voor zijn psychische ontwikkeling een vitale behoefte heeft. Het fascinerende is daarbij dat deze uitdrukking een halfopenbaar, collectief karakter heeft en zich niet slechts richt op het afzonderlijke individu. Hier ligt de kern van Hertzbergers bijdrage aan de twintigste-eeuwse architectuur: dat hij expressiemiddelen heeft gevonden voor de behoeften van de individuele mens in ruimtevormen die naar hun aard tevens collectief zijn.

■ Dit betreft ook nog een ander concept – zoëven reeds genoemd – dat in het denken van Winnicott een centrale plaats inneemt: het 'transitional object'. In de 'intermediate area', waarbinnen het kind bij een gunstige ontwikkeling zijn relaties met de buitenwereld moet leren leggen, spelen voorwerpen (zoals bij voorbeeld een teddybeer) doorgaans een belangrijke rol als een soort intermediair. Dit concept van het 'transitional object' komt in essentie neer op een theorie van de creatieve ontplooiing van onze verbeelding aan de hand van een voorwerp, niet alleen bij het

[4]
D.W. Winnicott, *Playing and reality*, Harmondsworth 1980, met name hoofdstuk 1: 'Transitional objects and transitional phenomena'

[5]
Arnold H. Modell, 'Object relations theory; psychic aliveness in the middle years', in: J.M. Oldham, R.S. Liebert (eds), *The middle years. New psychoanalytic perspectives*, New Haven-Londen 1989, 22

prille opgroeiende kind maar ook gedurende het hele leven. In zijn Montessorischooltje heeft Hertzberger zelfs daarin voorzien. In het openbare gebied, midden in de hal, heeft hij een 'podiumblok' laten metselen, als een onontkoombaar obstakel waaraan de kinderen hun vermogen tot fantasie kunnen wetten. Ook hier is trefzeker een vorm gevonden voor iets dat afgeleid is uit de individuele behoefte en dat naar een collectief niveau is getild. Deze transformatie naar het gemeenschappelijke toe is namelijk bijna uitsluitend gericht op motorische reacties, die katalysator zijn van de fantasie. Dit podiumblok is het collectieve 'transitional object' dat Hertzberger de kinderen van dit schooltje heeft aangereikt. Wanneer men zich voorstelt dat er in plaats daarvan een bronzen teddybeertje op een sokkel was gekomen, kan misschien pas ten volle de subtiele waarde van dit abstracte obstakel worden afgemeten.

Centraal Beheer
■ Het gebouw dat van Hertzbergers werken het meest furore heeft gemaakt is het hoofdkantoor voor een verzekeringsmaatschappij, Centraal Beheer. Dit is – afgezien misschien van het Ministerie van Sociale Zaken en Werkgelegenheid – nog steeds als zijn hoofdwerk te beschouwen. In Centraal Beheer is een aantal aspecten van de opdracht 'kantoorgebouw' fundamenteel op een andere noemer gezet. Er is primair gedacht vanuit het bestaan van degenen die er acht uur per dag (dus de helft van de tijd die zij per etmaal bewust doorbrengen) moeten verblijven. Vanuit deze gedachte is gezocht naar een vorm die de medewerkers gelegenheid laat om er zich een eigen plek te scheppen waar zij zich thuis kunnen voelen, zowel individueel als collectief. In de gekozen vorm is gepoogd om de voordelen van de kantoortuin met die van het afzonderlijke eigen vertrek te combineren, dat wil zeggen een ruimtelijke dispositie die een psychologische isolatie van de individuele medewerker tegengaat en tegelijkertijd voor hem of haar een eigen plek biedt. Het dominante ruimtelijke kenmerk is de opbouw uit 'kantooreilanden', die het hele gebouw aan de buitenkant als een soort bergdorp doet verschijnen. De plattegronden bestaan uit een regelmatige rasterstructuur die in beginsel in elk eiland een drietal functies onderbrengt: de werkplekken, de verbindende gangen en de vides, alles volgens een consequente maatvoering die een scala aan varianten in de indeling en uitvoering toelaat. Dit laatste is vooral van belang voor de indeling van de werkplekken, die telkens naar de soort van activiteit en naar de wensen van de medewerkers kan worden bepaald.
■ Als bij de Delftse Montessorischool de ruimten bijna naadloos bij elkaar aanhaken en dat gebouwtje te beschouwen is als één doorlopend verband van ruimten en overgangsruimten, kan dit ook bij Centraal Beheer worden gezegd. Dit alles wordt hier echter verder doorgevoerd, niet alleen omdat in kwantitatieve zin sprake is van een andere schaal, maar omdat deze – in samenhang met de kantoorfunctie – kwalitatief dieper ingrijpt. Het rasterpatroon lijkt hier één groot 'intermediate area', die alle ruimtelijke onderdelen met elkaar verbindt zonder dat deze hun individualiteit verliezen. Er is hier sprake van een 'structuur', volgens de wijze waarop Kenzo Tange dit begrip hanteert: alle onderdelen van dit gebouw hebben een gelijkwaardige betrekking tot elkaar, de eilanden worden in dit kantoorgebouw, waarin communicatie zo'n dominante rol speelt, alle op elkaar betrokken.[6]
■ De relatie tussen functie en ruimte is hier niet statisch, zoals in het analytische functionalisme. Zij gaat over in een andere, alles verbindende en dynamische orde, waarbij de koppeling tussen de functionele eenheden zich pluralistischer, elastischer en spontaner voltrekt. Vooral ook omdat de visuele en motorische communicatie zich voor de mensen in dit gebouw op een veel gevarieerder manier kunnen ontplooien dan bij een traditioneel kantoorgebouw of bij een kantoortuin, blijft Centraal Beheer fascineren.
■ Als we hier zouden mogen spreken van één 'intermediate area', uitgespreid over het hele raster van dit kantoor, kan dan ook sprake zijn van dat andere begrip uit de

Montessorischool, Delft 1960

[6] A. Lüchinger, 'Strukturalismus – eine neue Strömung in der Architektur', *Bauen und Wohnen* 1976 nr 1, 6

zojuist aangehaalde theorie van Winnicott, het 'transitional object'? Natuurlijk kan hiervan nu geen sprake zijn in de zin van een podiumblok, dat in het Delftse schooltje is gemetseld als katalysator van de kinderlijke verbeelding. Maar Winnicotts visie heeft ook een betekenis voor het latere leven, als een theorie van onze creatieve fantasie. Wij hebben als volwassenen 'intermediate areas' en daarbinnen ook 'transitional objects' nodig, wil onze beleving en interpretatie van de wereld niet uitsluitend letterlijk en 'plat' zijn – en daarmee zinloos en futiel. Winnicott zei: 'It is creative apperception more than anything else that makes the individual feel that life is worth living'.[7]

■ Centraal Beheer is wat dit betreft vol 'uitnodigende vormen' (om met Hertzberger te spreken). Daarbij is er echter een dominant moment. Dat bestaat niet uit zoiets als een gemetseld obstakel in het centrum van het openbare gebied – een ijler object dan de daar aanwezige klok is nauwelijks denkbaar – maar uit de telkens terugkerende kruisvormige vides. Zoals het gemetselde podiumblok in de Montessorischool abstract van karakter is en voornamelijk dient voor de losmaking van fantasievolle motorische reacties in de kinderen, zo zijn deze vides abstract in die zin dat niemand (ook niet de directeur) er bij kan komen. In de confrontatie ermee wordt bij de gebruikers in dit geval nauwelijks een motorische, maar wel een psychologische reactie losgemaakt. Deze vides zijn er als immaterieel embleem dat staat voor een openbaarheid die voor allen geldig is. In dit kantoorgebouw, waarin bij uitstek de toepassing van de moderne rechtsregels de orde van de dag uitmaakt, staan deze vides voor een herinnering aan, en een stille oproep tot, een immanente orde tegenover de juridische reductie van de werkelijkheid van de polissen en schadeclaims. Deze functie van een allen verbindend ruimtelijk tegendeel lijkt overeen te komen met die van de centrale hal in Wrights Larkin Building (dat helaas is afgebroken). Maar door hun niet-hiërarchische verweving door het hele complex heen hebben deze vides meer te maken met het dagelijks leven van de employés dan met de identiteit van de firma waarbij zij zijn aangesteld. Juist omdat deze verweving interfereert met die van de verkeerslijnen en de vides deze in de weg lijken te staan, kan er een maatschappijkritische symboolwaarde in worden gezien.

■ Centraal Beheer was eigenlijk het gerealiseerde vervolg van twee prijsvraagontwerpen die niet tot een opdracht hadden geleid: die voor de stadhuizen in Valkenswaard en Amsterdam. Evenals bij Centraal Beheer was bij het ontwerp voor Amsterdam gedacht aan een doordringing van stadsverkeerslijnen door het complex. Enigszins profetisch voor de uiteindelijk verrezen Stopera lijkt de opneming door Hertzberger van een burgerzaal die ook te gebruiken had moeten kunnen zijn als theater. Dat betekent dat er in het midden van dit prijsvraagontwerp voor die functies een groot volume is opgenomen (er zijn meer van die grote volumes) dat een onderbreking vormt van het overigens consequent doorgevoerde patroon. Met name naar de Amstel toe werkt dit patroon a-monumentaal in de zin van een bijna volledig ontbrekende hiërarchie, vooral omdat de torentjes ten opzichte van de oevers overhoeks geplaatst zijn en dus frontaliteit missen. *Forum* (dat inmiddels een compleet andere redactie had gekregen waarin Van Eyck c.s. geen zitting meer had) vond het de moeite waard om, buiten de prijsvraagprocedure om – en eigenlijk dus tegen beter weten in – in een extra nummer Hertzbergers ontwerp te presenteren als het beste van alle 804 inzendingen.[8] Het is jammer dat dit uitzonderlijk collegiale gebaar geen resultaat heeft gehad.

■ Ook als men het met dit laatste eens kan zijn, mag daarmee een probleem dat aan de hier genoemde ontwerpen kleeft niet worden genegeerd. Het gaat hier om de identiteit en herkenbaarheid als 'gebouw' in het stadsbeeld. Een exterieur dat zijn principiële uitbreidbaarheid tot uitdrukking moet brengen – zoals Hans van Dijk het uitdrukte: zich vertoont als 'stukjes weefsel zonder zoom' – ondergraaft op het

Larkin Building, Buffalo 1904, F.L. Wright

[7] Geciteerd in Modell (noot 5), 22

[8] Tekst door redacteur P.K.A. Pennink, *Forum* XXI nr 4 (mei 1969)

niveau van het stadsbeeld juist dezelfde herkenbaarheid en dus ook mede de herbergzaamheid van de stad waarvoor de 'Forum'-architecten zich sterk hadden gemaakt.[9] De spanning tussen enerzijds de eisen die Hertzberger wil stellen aan het exterieur als uitdrukking van het interieur en anderzijds die welke aan het exterieur te stellen zijn als herkenbaar systeem dat identiteit uitstraalt in zijn omgeving, is een gegeven dat op boeiende wijze wordt gethematiseerd en dat uiteindelijk in zijn verdere oeuvre een wending teweeg zal brengen.

Muziekcentrum Vredenburg

■ De eerstvolgende grote opdracht – voor het Muziekcentrum op het Utrechtse Vredenburg – gaf daartoe een goede gelegenheid. Het gebouw moest niet alleen visueel aansluiten op de schaal van de oude stadsbebouwing, maar ook reageren op de grootschaligheid van het winkel- en kantorencomplex Hoog Catharijne, waar het in feite een uitloper van is. Het exterieur combineert dan ook twee eigenschappen: een sprekende massaliteit en een bijna nerveuze articulatie daarvan. Dit nieuwe uitgangspunt was in zoverre gemakkelijker te kiezen als hier voor het eerst sprake was van een gebouw dat niet voor permanente gebruikers bestemd was. Bij ieder concert is er immers een nieuw publiek. In verband hiermee kon Hertzberger ook niet veronderstellen dat hij een 'onvoltooid' produkt kon afleveren, dat door de gebruikers zou worden aangevuld. Hij moest daarom alle details zelf ontwerpen en laten uitvoeren.

■ Toch is er juist ook bij het Muziekcentrum sprake van zo'n 'opdracht tot voltooiing' door het publiek, omdat dit gebouw als geen ander in Hertzbergers oeuvre een rijkdom aan mogelijkheden tot associatie biedt. Dit is niet alleen het geval met de vele voorbeelden uit de geschiedenis, maar ook met puur visuele en ruimtelijke ervaringen van de bezoekers, wier herinneringsvermogen zo wordt overbelast dat zij ook naar Hertzbergers eigen idee best telkens weer mogen verdwalen in de wandelgangen rondom de zalen. En associaties met de geschiedenis zijn er in overvloed te maken. Het heeft geen zin om er hier op in te gaan en een patience-kaartspel te gaan leggen van architectuurhistorische vergelijkingen, waarbij je je eigen gelijk kunt manipuleren. Want degene die de meeste *patience* zou tonen zou Hertzberger zelf zijn, die ijveriger dan welke andere architect is in het uitvoerig vermelden van zijn inspiratiebronnen. Aldo van Eyck moet eens hebben gezegd dat hij niemand zou weten van wie Herman Hertzberger nooit iets heeft geleerd.

■ Er is een ander facet aan het Muziekcentrum dat aan het publiek iets toespeelt waarmee het iets met zijn herinneringsvermogen kan doen: de betonnen zuilen met de overmaatse kapitelen, die in de periferie van de muziekzalen op gelijke afstanden van elkaar als een *basso continuo* fungeren. Er is wel beweerd dat dit motief overbodig zou zijn.[10] Naar mijn idee is het een doeltreffend plastisch en visueel middel dat de bezoekers kan helpen om zich buiten en binnen het Muziekcentrum thuis te voelen. In de herinnering aan de elkaar opvolgende beelden kan dit motief voor de bezoeker als oriëntatie dienen, als een vast stramien waardoor alle variaties in ruimtevormen, venster- en muurpartijen meer ervaarbaar worden en daardoor niet als een chaos werken. De van ouds nagestreefde esthetische spanning in de architectuur tussen regelmaat en afwijking daarvan wordt door Hertzberger aldus geïntroduceerd door middel van een reeks combinaties van zuilen met hun telkens wisselende directe omgeving. Als een visuele syntaxis heeft hij deze combinaties in kaart gebracht. Misschien is het niet zo bedoeld, maar de wijze waarop dat is gebeurd – de balken, de stokken, de rusten en orgelpunten – dringt zich op als een muzikaal notenschrift.

■ Het Muziekcentrum kan blijven fascineren door de combinatie van ongerijmdheden die het gevolg is van uiteenlopende eisen. Nog niet eerder had Hertzberger zo'n grote ruimte als de grote concertzaal moeten ontwerpen, een gegeven dat een

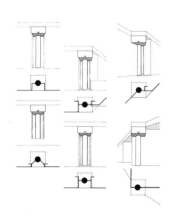

Detail schema kolommen met hun omgeving

9
NRC Handelsblad 12 februari 1979

10
Hans van Dijk, 'Hertzbergers huizen. De mogelijkheden en grenzen van een leidend thema', *Archis* 1986 nr 12, 20

fijngeleed patroon in de weg staat. De grote en de kleine zaal worden omgeven door kleinschaliger ruimten die zich niet genereren als structuur (afgezien van het stramien van kolommen), maar die 'ad hoc' reageren op de plek. Het is de plek, de gegevenheden van het Vredenburgplein, die de ruimtewoekering van het Muziekcentrum als stedebouwkundig element – bij alle centrifugaliteit van de plattegronden en gedetailleerdheid van de gevels – als het ware een halt toeroept en het daarmee ondanks alles toch tot een eenheid smeedt.

De scholen in Amsterdam

■ Terwijl hij op het Vredenburg nauwelijks aan pleinvrees kon toekomen, kon Hertzberger deze bij de Apolloscholen in Amsterdam-Zuid niet ontlopen. Het resultaat is magistraal geworden, stellig omdat hier de gevaren van de open ruimte onontkoombaar onder ogen moesten worden gezien. De Apolloscholen staan als een asymmetrisch opgestelde tweeling in een open ruimte in een villawijkje. De asymmetrie is van een grote subtiliteit: de verlengden van de rooilijnen snijden elkaar niet, maar vallen in oost-west richting samen. De hoofdassen van de gebouwtjes staan haaks op elkaar en er zijn in de plattegronden en gevels over en weer secundaire variaties aangebracht. Dit alles levert in de verder wat rommelige villabuurt een ruimtelijke spanning op, die een stabiliserend en evenwichtig effect heeft. Deze schooltjes zijn elk voor zich eigenlijk ook als villa's opgevat. Door hun in hoofdzaak symmetrische plattegronden en de kruisvorm van de centrale hal roepen ze sterke reminiscenties op aan de landhuizen van Palladio. Niet alleen als deel van een tweeheid, maar ook afzonderlijk heeft elk schooltje een evenwichtige en tegelijk spanningsvolle uitstraling omdat hier eigenlijk voor het eerst in Hertzbergers oeuvre een overtuigende synthese is bereikt tussen de binnen- en buitenkant. Elk van de exterieurs vormt een eenheid en bezit een krachtige identiteit. De symmetrie van de plattegronden komt buiten tevoorschijn, de inhoud wordt door de gevels en raampartijen met een zekere gespannenheid omvat. Daarmee vertegenwoordigt ieder van deze gebouwtjes een even grote combinatie van 'druk' en 'tegendruk' als hun tweeheid gezamenlijk in hun stedebouwkundige omgeving.

■ De jury, die in 1985 de Amsterdamse Merkelbachprijs aan deze schooltjes toekende, merkte op: 'Als men zijn [Hertzbergers] gebouwen zou kantelen, op hun kop zetten of binnenste-buiten keren, de architectuur blijft dezelfde. Een groter compliment is een architect bijna niet te maken'. Inderdaad, deze schooltjes hebben iets weg van sommige kubusvormige Japanse netsuke's, die op iedere kant kunnen worden neergezet.

■ Bij de kort hierna gebouwde school 'De Evenaar' op het Amsterdamse Ambonplein is dit niet denkbaar. Symmetrie in de plattegrond is hier wel in beginsel aanwezig, maar zij is langs de middenas verschoven. Mede omdat de aldus ontstane kopgevels als cilindersegmenten zijn gevormd, wordt de indruk gewekt van een wentelende symmetrie. Was in de min of meer ongevormde omgeving van de Apolloscholen een Palladiaans gebod tot orde nodig, op het besloten rechthoekige Ambonplein was eerder een contrasterend dynamisch volume gewenst. En dat mist zijn effect ook niet.

■ Maar ook in De Evenaar komen verder veel eigenschappen van de voorgaande scholen te voorschijn, zoals de huiskamerakoestiek, de lokaalvorm met uitsparing, de garderobes in nissen, het ontbreken van lange gangen. Ook de trap in de centrale hal ontbreekt hier niet: een motief dat veel componenten in zich herbergt, zoals dat van een centrale ontmoetingsmogelijkheid, een gelegenheid tot gebruik als theater en ook (misschien niet bewust bedoeld) een symboliek van de in het hart van het gebouw van boven verlichte 'ladder van het zijn'.

■ Men kan in elk geval niet aan de indruk ontkomen dat de architect met de letterlijke concentratie binnen het gebouw van de hal met theatertrap, inclusief de daarmee verweven symboliek, ook een mentale concentratie van de leerlingen, als individu en als groep, op het oog heeft. Dat gaat in zijn werk met de ernst van het spel. Herman Hertzberger, zo lijkt het, heeft de affiniteit met de kinderwereld nooit verloren. Onbezorgdheid en optimisme gaan bij hem in een wonderbaarlijke combinatie hand in hand met een didactische instelling waarbij een haast overmatige drang tot verantwoording optreedt. Vandaar ook bij de scholen de Durand-achtige reeks grafische schema's, die alle modaliteiten van kolom- en balkverbindingen didactisch in beeld brengt. Vandaar ook de architectuurlessen die zich in het muurwerk van de scholen, tot en met de Evenaar, aan ons opdringen: ingrijpende uitbeeldingen van de wijze waarop het betonskelet zich verbindt met het metselwerk; alles inderdaad op briljante wijze verantwoord. Wat sommigen hieraan irritant vinden ben ik geneigd te zien als het product van een sterk ontwikkeld Über-Ich, dat in het innerlijk van de architect tot het afleggen van verantwoording gebiedt. De laatste jaren gaat dit echter vergezeld van een groeiende neiging om van dat wat moeizame af te komen en om tot een enkelvoudiger en lyrischer ontwerpwijze te geraken. Wij herkennen in de drang tot verantwoording natuurlijk een nationale trek. Maar in de combinatie met het verlangen naar een lyrische bevrijding kan ook een overeenkomst worden herkend met de muziek van Brahms (waaraan Hertzberger zich sterk verknocht voelt), die vaak langdurige stugge en doorwrochte passages kent, als waren ze het erts waaruit de melodische ontboezemingen moeten worden gewonnen. Het lijkt erop dat Hertzberger in de late jaren tachtig – met als begin het schooltje in Aerdenhout – zich met succes aan deze innerlijke houdgreep begint te ontworstelen; of, zoals Rem Koolhaas het onlangs formuleerde, 'zich aan zijn eigen invloed probeert te onttrekken'.[11]

'Optisch' en 'haptisch': Berlagiaans handschrift?
■ De verklaring voor het architectonische handschrift van Herman Hertzberger kan natuurlijk niet alleen gelegen zijn in de genoemde algemene mentale geaardheid van de Nederlanders of – nog minder – in een verwijzing naar zijn persoonlijke affiniteit met de muziek van Johannes Brahms. Het belangrijkste is natuurlijk de architectuurhistorische inbedding van zijn werk. De architectuurcriticus Kenneth Frampton heeft in een verhelderend essay over Hertzbergers Montessorischool aan de Apollolaan gewezen op een 'constructief-rationalistische' traditie in de Nederlandse architectuur.[12] Dit constructieve rationalisme zou zijn te herleiden tot de grote betekenis die de geschriften van Viollet le Duc hebben gehad voor de vernieuwers onder de Nederlandse architecten uit de laatste decennia van de negentiende eeuw. Volgens Frampton wordt dit constructieve rationalisme in zekere zin gerealiseerd in het werk van Berlage. Eenzelfde tektonische tastbaarheid, voortkomend uit de constructieve logica, zou van beslissende betekenis zijn voor de toonzetting van de architectuur van Hertzberger.

■ Dit is op zichzelf een juiste zienswijze, maar er moet bij worden betrokken wat er sinds Berlage gebeurd is in de moderne traditie. Juist door het verschil met Berlage te zien, kan iets essentieels in het werk van Hertzberger worden verduidelijkt. Er is namelijk een wezenlijk aspect aan Berlages werk (met name de Beurs) dat aan de veronderstelde 'tektonische tastbaarheid' een dubbele bodem geeft. De grote daad van Berlage was dat hij een eigen publiek wilde scheppen. Dit deed hij door de in het zicht gebrachte constructieve tektoniek, maar gelijktijdig ook door de afvlakking van de muur als massa. Wat hij met dit laatste beoogde kan in eenvoudige en concrete termen worden uitgedrukt. In de loop van het ontwerpproces voor de Beurs schaafde Berlage als het ware alle sierende onderdelen die buiten het muurvlak uitstaken af. Wat er aan ornament en 'bouwbeeldhouwkunst' in de Beurs is verwerkt werd bijna overal binnen dat muurvlak gehouden. Dit aspect sprak een kleine kring van progressieve bewonderaars erg aan. Zij spraken over de Beurs als een prototype van

[11] Rem Koolhaas, voordracht studiedag 'Hoe modern is de Nederlandse architectuur?', Bouwkunde TU Delft, 27 april 1990 (eigen notitie auteur)

[12] K. Frampton, 'Het structurele regionalisme van Herman Hertzberger', *Archis* 1986 nr 12, 11

'Gemeenschapskunst', juist omdat alle verwijzingen naar geschiedenis en cultuur *binnen* het 'zakelijke' vlak van de muur waren ondergebracht en aldus tot gemeen goed waren omgevormd. Het merendeel van de beursbezoekers was daarentegen conservatief en kon de intenties van Berlage niet waarderen, waarschijnlijk omdat deze onbewust juist goed werden begrepen: in psychologische zin konden individuele bezits-aspiraties niet meer op de Beurs worden geprojecteerd, zoals dat nog wel mogelijk was op rijk versierde neo-architectuur. Die aspiraties ketsten als het ware af op de vlak afgeschaafde muur. In die zin vertegenwoordigde Berlages architectuur van de toekomst geen 'uitnodigende vorm', om een term van Hertzberger te gebruiken.

■ Berlage probeerde aldus zijn publiek te manipuleren. Het ideaal van een Gemeenschapskunst zou echter een fata morgana blijven. Weliswaar probeerde hij door een tektonische stylering (weer) een algemeen geldig tekensysteem te introduceren, maar gelijktijdig voltrok zich een ander proces dat pas later zou worden onderkend en dat voor Hertzberger een van de kernproblemen in zijn denken zou gaan vormen. De Gemeenschapskunst kon namelijk geen draagvlak krijgen door wat Lévi-Strauss de individualisering van het kunstpubliek heeft genoemd.[13] De fragmentering van de relatie tussen kunst en publiek gedurende de nu achter ons liggende eeuw ligt volgens deze Franse culturele antropoloog niet aan de bijna anarchistische diversiteit van de kunstproduktie zelf, maar aan de individualisering van het publiek. De onderkenning van dit kunstsociologisch verschijnsel is bij Hertzbergers scheppende activiteit een onwrikbaar vertrekpunt.

■ Maar hiermee is nog niet alles gezegd over de wijze waarop Hertzbergers werk afwijkt van de intenties die aan de architectuur van Berlage kunnen worden toegekend, noch over de manier waarop het constructieve rationalisme van de jongere architect aanknoopt bij dat van de bouwmeester van de Beurs. De traditie waarop Hertzberger zich met de meeste nadruk beroept is immers die van het Nieuwe Bouwen. De architecten die tot deze stroming behoorden bouwden voort op voorbeelden als dat van Berlage. Al hadden zij niet meer 'Gemeenschapskunst' als loodzware intentie in hun programma, toch maakten zij hun witte dozen met veel staal en glas in de veronderstelling dat een dergelijke bouwtrant een algemene geldigheid zou hebben. Anders – zo lijkt het – dan bij voorbeeld Le Corbusier hielden zij in de jaren twintig en dertig bij niet-individuele opdrachten nauwelijks of geen rekening met wat hierboven de individualisering van het publiek is genoemd.

■ Wij weten het, aan hun gebouwen kan men nog minder dan aan de Beurs elementen aantreffen waarop, psychologisch gesproken, iemands bezitsdrang had kunnen worden geprojecteerd. Maar wat er nu bijkwam – of, liever gezegd, ervan afging – was dat de *taal* er ook in verminderende mate een houvast kon vinden: hoezeer ook bij de Beurs een kapiteel binnen het vlak van de muur was opgenomen, het bleef als 'kapiteel' vatbaar voor herkenning en benoeming. In handtastelijke zin was er door Berlage een reductie toegepast, in optische en taalkundige zin in veel mindere mate.

■ Bij Duikers Zonnestraal of bij gebouwen van Le Corbusier uit de jaren twintig werd er gewerkt naar een gelijkwaardige uitwisselbaarheid van dichte en glazen onderdelen, waarmee een gedifferentieerde aanduiding in taal al veel van haar zwaartekracht werd ontnomen. Een vensterpartij onder het overstek van een balkon of in een terugliggende begane grond ligt in de schaduw. Omdat de kozijnen donker zijn geschilderd, zijn deze – in contrast met de witte delen van het exterieur – slecht afzonderlijk waarneembaar. Ook als deuren deel uitmaken van zo'n ruimtelijk en optisch terugliggende pui, springen deze minder als deuren in het oog. Voor de waarnemer is een gedeelte van zijn taalkundig instrumentarium geblokkeerd omdat de benoembaarheid van onderdeel tot onderdeel wordt gedecimeerd.

■ Toen enige jaren geleden het Rietveld-Schröderhuis in restauratie was en de anders gepleisterde delen als bakstenen wanden tevoorschijn kwamen, was het essentiële van de architectuur daarvan weg. Er was iets anders tevoorschijn gekomen

Beurs, Amsterdam 1898-1903, H.P. Berlage

Hoofdgebouw Nazorgkolonie Zonnestraal, Hilversum 1928, J. Duiker

[13] J.L. Locher, 'Lévi-Strauss en de structurele bestudering van de kunst', *Opstellen voor H. van de Waal*, Amsterdam-Leiden 1970, 101-113

dat massaal en in groten getale deze essentie in de weg was komen te staan. Dat andere was uitspreekbaar en, baksteen voor baksteen, per laag en in totaal, precies telbaar aanwezig. Sinds de voltooiing van de restauratie staan die wanddelen er weer glad en met lichte kleurafwerking bij: bijna iedere poging om aanhechtingspunten voor taal te vinden wordt afgeketst.

■ Als Hertzberger het heeft over 'de uitnodigende vorm', valt die niet alleen te beschrijven als wenk om de architectuur op een bepaalde manier te gebruiken. Zij nodigt ook uit om op een bepaalde manier te *kijken*. Dit heeft te maken met de lust die wordt opgeroepen wanneer wij kijken naar iets dat kunstig gemaakt is, of dit nu een schilderij is of een gebouwde architectuur. Bij Hertzbergers gebouwen – althans die van tot zeer recente tijd toe – moet je kunnen zien hoe ze zijn geconstrueerd en vooral ook hoe ze zijn gestapeld. Naast alle bouwfysische en economische voordelen is hieruit zijn voorkeur voor B2-blokken en andere betonstenen te verklaren (waarbij hij de snelle vervuiling van dit materiaal aan het exterieur op de koop toeneemt). Het oog ketst er niet op af, zijn motoriek wordt daarentegen gestimuleerd, evenals ook de talige motoriek aan haar trekken kan komen: de zoëven genoemde uitspreekbaarheid en telbaarheid zijn bij een muur van B2-blokken immers nog eenvoudiger voorhanden dan bij een baksteenmuur.[14]

■ Als Hertzberger niet zo'n uitgesproken talent en zo'n grote vakbekwaamheid had, zouden wij misschien mogen zeggen dat hij in zijn werk iets van een amateur wil laten doorschijnen, misschien op de manier waarop dit ook bij Rietveld het geval was: het liefst moet een kind kunnen zien, hoe iets in elkaar zit. Dat wil zeggen, het kind dat in ons allen bij voorkeur nog niet helemaal is weg-gehersenspoeld. Ik vermoed dat dit alles mede te maken heeft met Hertzbergers eigen Montessorischooltijd. Zijn mentaliteit is gericht op de motorische ontplooiing van alle zintuigen in de mensen. De uitnodigende vorm is ook bedoeld om een beroep op de tastzin te doen; dat is in al zijn werk aanwijsbaar. Anders dan bij de Beurs bij voorbeeld is een kapiteel van het Muziekcentrum niet alleen optisch waarneembaar, maar heeft een nadrukkelijk tastbaar plastische aanwezigheid. Daarmee heeft hij van meet af aan impliciet partij gekozen in een nu alweer een eeuw oud kunsthistorisch antithetisch dubbelconcept, namelijk de tweepoligheid van het 'optische' en 'haptische' (de kijk- en de tastwaarden) in de beeldende kunst en architectuur. De partij die hij gekozen heeft strekt tot een zo groot mogelijke verstrengeling van deze tweepoligheid, op zo'n manier dat ze in de zin van Aldo van Eyck een tweelingfenomeen wordt. Het is als met de zwarte toetsen op een klavier: hun eigen functie ten opzichte van de witte wordt zowel via de tastzin als over een optisch signaal aan de bespeler doorgegeven. Het is niet voor niets dat Hertzberger bij de uitleg van zijn werk de metafoor van muziekinstrumenten heeft toegepast. Hij ziet de gebruiker als bespeler, die van alles met de architectuur kan doen.[15] Hier spreekt de musicus die Hertzberger van huis uit is.

■ Anderzijds blijkt dat de akoestische metafoor zelfs bij zijn critici goed overkomt. Geïrriteerd als hij was door de uiterst gedetailleerde vormgeving van het exterieur van het Muziekcentrum, slaakte de Italiaanse criticus Bruno Zevi de kreet 'Taci mura' (muur zwijg!). Het is niet verwonderlijk dat juist een Italiaan een dergelijke, door de gedetailleerde drukheid van de vormen opgejaagde motoriek van het oog niet kan verdragen.

■ Wat hierboven het 'amateuristische' is genoemd manifesteert zich ook in de al gesignaleerde argeloze manier waarop hij in zijn werk – en in de toelichtingen daarop – openlegt, hoe en door welke voorbeelden hij tot zijn ontwerpen is gekomen. Rietveld is een heel belangrijk voorbeeld voor hem. Het 'amateuristische' van Rietveld lag niet alleen in de simpele en gemakkelijk te begrijpen timmermansconstructies, maar ook in het geleiden van wat Giedion in de moderne architectuur de 'space-time' heeft genoemd naar het praktische niveau van het dagelijkse leven. Rietveld verbeeldde de tijd-ruimte, niet alleen in de kunstzinnige expressie van zijn architectuur en

[14]
Hertzberger over taal en architectuur (i.c. Van Eycks Weeshuis) op p.11 van het in noot 2 genoemde artikel

[15]
H. de Haan, I. Haagsma, *Wie is er bang voor nieuwbouw?*, Amsterdam 1981, 141

meubelen, maar – heel consequent – ook voor het concrete gebruik in de tijd: de tijd waarin (om in analogie met Marcel Duchamp te spreken) de architectuur wordt voltooid door de gebruiker.[16] Rietveld probeerde in deze gebruikerstijd extra keuzemogelijkheden aan te bieden door in het Schröderhuis schuifwanden in te bouwen, waarmee naar believen de ruimte kon worden ingedeeld. Hiermee gaf Rietveld aan dat hij rekening wilde houden met wat hierboven de individualisering van het (kunst)publiek is genoemd. Wanneer Mies van der Rohe zei 'less is more', had dit voor de goede verstaander op overeenkomstige wijze mede de betekenis van een nieuwe keuzevrijheid: het mindere aan formele verbijzondering aan de architectuur laat meer ruimte vrij voor een oriëntatie op de eigen leefinhoud, die de gebruiker wil bijdragen om de architectuur op zinvolle manier te voltooien. Maar de gebruikers van de arbeiderswoningen, die Le Corbusier in Pessac bouwde (1925) gaven een geheel eigen interpretatie van 'minder is meer': zij namen de gelegenheid om de kale functionalistische architectuur met door hen zelf geknutselde aanvullingen te voltooien. Net zo min als Berlage het ideaal van de Gemeenschapskunst in vervulling zag gaan, konden de moderne architecten bij dergelijke situaties ingrijpen zonder hun eigen ideaal kapot te maken. Het ideaal was immers op toekomstig leven en niet op een statische toestand georiënteerd. Met hun individuele opstelling trokken de gebruikers aan het langste eind.

■ Dit is het moment waarop 'Forum' een andere wending aan de architectuur wilde geven. Het open einde van een 'less is more' naar de toekomst toe zou moeten worden opgevuld met de uitdrukking van iets waaraan voor de gebruiker een houvast te ervaren is; een handreiking naar een algemeen-menselijk niveau, dat antropologisch van een fundamenteel karakter werd geacht. Noties als 'plek' en 'gelegenheid' moesten dienen als recept tegen de tijd-ruimtevrees die de functionalistische architectuur met haar tijd-ruimte-idolatrie bij 'Forum' had opgeroepen. Het welsprekendste voorbeeld hiervoor was het al genoemde Weeshuis van Van Eyck, dat op Hertzberger zo'n diepe indruk had gemaakt (en dat mede door hem, toen het enige jaren geleden in gevaar was, door een geslaagde actie is gered van de ondergang).

■ Die ondergang van het Burgerweeshuis was overigens al voorbereid door interne verbouwingen, op instigatie van de leiding, die vond dat Van Eyck er een teveel aan gelegenheden en plekken voor de kinderen had ingestopt. Wijzer geworden door ervaringen als deze, hebben jongeren naar andere wegen gezocht. Hertzberger deed een experiment met woningen die hij in casco-vorm onvoltooid liet. De bewoners van deze Diagoon-woningen te Delft (1967) konden deze naar eigen inzicht voltooien.[17] Hier is sprake van een poging om het effect van 'Pessac' om te keren en de daarmee gepaard gaande frustratie van de architect te verijdelen. Het dilemma wordt teruggespeeld naar de gebruiker. Hertzberger is in dit opzicht sindsdien nooit meer zover gegaan als bij deze Diagoon-woningen.

School in Aerdenhout en Berlijnse opdrachten

■ Zijn architectonische handschrift heeft inderdaad wel te maken met het tektonische bij Berlage. Maar, terwijl deze een afwerend element in zijn muurwerk bracht, dat door zijn nieuwzakelijke bewonderaars werd gesublimeerd tot 'witte dozen' waarop de taal geen vat meer heeft, werkt Hertzberger juist de andere kant op en vult het 'optische' weer met het 'haptische' aan. Alles wat verband houdt met de 'uitnodigende vorm' en de 'voltooiing' door de gebruiker ligt in het verlengde hiervan.

■ In zijn laatste werken – te beginnen met de uitbreiding van de school in Aerdenhout – komt daarnaast een andere tendentie te voorschijn. Deze komt neer op een vloeiender ruimtewerking, die onder andere wordt bereikt door een minder stug soort muurwerk, een rankere constructie en een lichtere afwerking. Bij het genoemde schooltje is aan de buitenkant het meest opvallende element het met glimmend zwart geschilderde houten delen betimmerde cilindersegment dat twee maal twee

Arbeiderswoningen, Pessac 1925, Le Corbusier

Diagoonwoningen, Delft 1967

[16]
Hertzberger over Rietveld in De Haan, Haagsma, 152

[17]
H. Hertzberger, 'Looking for the beach under the pavement', *RIBA Journal* 1971 nr 2, 12 – Idem, 'Huiswerk voor meer herbergzame vorm', *Forum* XXIV nr 3 (mei 1973)

lokalen herbergt en dat scheef geplaatst is ten opzichte van het 'klassiekere', rechthoekige lokalenblok aan de achterzijde. Tussen beide lokalenblokken ontstaat zo een wigvormige, van boven en vanuit de lokalen verlichte hal. Hier ontbreekt praktisch alle massiviteit die zo kenmerkend is voor de centrale ruimten in de Amsterdamse scholen. Hertzberger knoopt hier aan bij klassieke voorbeelden van het Nieuwe Bouwen. De wigvorm van de hal in combinatie met de losstaande kolommen en de ranke trap doet denken aan het Rijnlands Lyceum in Wassenaar van Kloos (1938). Terwijl de theaterfunctie van deze hal veel minder nadruk krijgt dan bij de vorige scholen, zijn de diepere connotaties, die daar de trap had, hier overgenomen door de metalen brug die het ene lokalenblok met het andere verbindt: een symbool van overgang.

■ De uitbreiding van deze school in Aerdenhout lijkt een keerpunt in Hertzbergers werk te zijn. Zijn kennelijke streven naar een bevrijding uit de doorwrochte, massale tektoniek kon hier waarschijnlijk paradoxalerwijs een ventiel krijgen door belemmerende factoren. Er was een extreem laag budget, er was een bestaand gebouw dat gedeeltelijk moest worden afgebroken en er was een bijzondere stedebouwkundige situatie. De segmentvorm die de ronding aan het pleintje accentueert, is van een eenvoud die Hertzberger graag als het kenmerk van zijn toekomstige werk zou willen zien. Niet meer de moeizame modulaties en ritmische reacties daarop van een Brahms, maar liever een procedure als van Schubert, die vele maten achtereen dezelfde ritmiek en hetzelfde accoord kan volhouden zonder eentonig te worden.

■ Maar er is iets dat Hertzberger nooit overboord lijkt te willen gooien. Dat heeft te maken met zijn respect voor de individuele gebruiker van de architectuur en van de stad. In zijn beste werken wordt rekening gehouden met de fundamentele behoefte van ieder mens aan zones en objecten, waarin en waaraan hij of zij uit de voeten kan met zijn wens tot oriëntatie en tot creatieve fantasie. Er lijken twee polen te zijn waartussen Hertzbergers scheppende activiteit zich gaat bewegen: de wens tot het maken van het eenvoudige, trefzekere gebaar en tegelijkertijd die tot de handhaving van alle idealen met betrekking tot de gebruiker. Die activiteit verloopt met vallen en opstaan.

■ Tot zijn beste werk uit de jaren tachtig hoort hetgeen hij in Berlijn heeft gebouwd en gaat bouwen: het LiMa-wooncomplex en het Filmcentrum. Deze zijn te beschouwen als aanlopen tot de gesignaleerde omslag in Aerdenhout. Het LiMa-woningcomplex aan de Lindenstrasse combineert een sprekende stedebouwkundige hoofdvorm met een van buiten herkenbare geleiding van het openbare gebied binnen die hoofdvorm zelf door middel van lichte openbare trappehuizen. De vloeiende ruimtelijkheid, mede veroorzaakt door de grote balkons en de witte afwerking, is waarschijnlijk mede te danken aan de invloed van het architecten-echtpaar Baller, dat ter plaatse voor uitwerking en toezicht heeft gezorgd. (Hertzberger had al eerder, in Kassel, met de Ballers samengewerkt.) Ook de toepassing van de slanke, langs de verdiepingen heenschietende betonnen kolommen wijst op die invloed.

■ Dat het ontwerp voor het Berlijnse Esplanade-filmcentrum, waarmee Hertzberger in 1985 de prijsvraag won, zo'n grote overtuigingskracht heeft, is waarschijnlijk te danken aan vergelijkbare omstandigheden als die, welke enige jaren later de school in Aerdenhout tot zo'n succes maakten. Er moest hier een bestaande ruïne worden geïncorporeerd en in de tweede ronde was een volledig nieuw ontwerp noodzakelijk wegens veranderde stedebouwkundige eisen. Dergelijke omstandigheden leverden voor Hertzberger, die pas goed kan werken bij een intensieve wisselwerking met zijn opdrachtgevers, de noodzakelijke wrijvingspunten op om tot een goed resultaat te komen. In de plattegrond vallen assen, looplijnen en ruimtevormen als een legpuzzel op hun plaats. De uitdrukking van de volumes naar de stad toe lijkt – althans op de maquette – op adequate wijze de aanwezigheid van de verschillende erin onder te brengen instituten te laten uitkomen en tegelijkertijd een boeiende combinatie te vormen. De cilindervormen, ooit voor het eerst toegepast aan de binnenkant van het ontwerp voor het Amsterdamse stadhuis, treden hier als expressieve volumes naar buiten.

Verdere prijsvraagontwerpen
■ In de late jaren tachtig heeft Hertzberger een aantal internationale prijsvraagontwerpen gemaakt. De belangrijkste hiervan zijn in dit boek afgebeeld en gedocumenteerd. Bij elk van deze probeert hij zich telkens op een andere manier te onttrekken aan de ontwerpprocedures die zijn handelsmerk waren geworden. Bij het stedebouwkundig voorstel voor het 70 ha grote terrein van Pirelli in Milaan is sprake van een grootstedelijke aanpak die in het voorgaande werk nog niet was vertoond. Boeiend is het om te zien hoe Hertzberger niet alleen in zijn toelichting maar ook in de presentatietekeningen pogingen aan de dag legt om bij alle grootschaligheid een vervreemding van de individuele persoon tegen te gaan. Middelen daartoe zijn de diagonale bomenlanen en de alternerende glazen loopstraten langs de betonnen strookbebouwing. Een enigszins ambivalent aspect is de contrasterende groep individuele torens op het halfcirkelvormige terrein annex de strakke structuur. In de perspectivische schetsen herinnert zij aan de stillevens van Morandi. Bij de grafische perspectieven, waarop deze individuele torens boven de strakke bebouwing uitsteken, lijkt de laatstgenoemde door de 'flesjes' tot een mini-schaal te zijn gereduceerd en daarmee veel van haar grootstedelijkheid te verliezen. Hertzberger zal meteen op zo'n bedenking reageren met te wijzen op het idee-karakter van dit plan, dat alleen bedoeld is als globale richtlijn. Dit argument zou dan echter wat problematisch zijn, omdat het zou worden gehanteerd door iemand die altijd heeft gepleit voor een 'uitnodigende vorm'. Het is niet onwaarschijnlijk dat de jury enigszins allergisch heeft gereageerd op de al te nadrukkelijke *italianità* van de torens.
■ Zeer experimenteel van aard is het prijsvraagontwerp voor de Gemäldegalerie aan het Kulturforum in Berlijn. In zijn toelichting zegt Hertzberger letterlijk dat zijn museum uit een 'landschap' van 'laanvormige ruimten' bestaat. Radicaler dan in welk van zijn vroegere werken ook wordt hier het primaat gegeven aan de innerlijke functies die in een vernuftige structuur verweven zijn, eigenlijk volkomen ten koste van een totaal effect als 'gebouw' in het stadsbeeld, dat het alleen moet doen met een soort lijst die de uiteinden van de 'lanen' omvat. Ook bij deze in het zicht gelaten uiteinden wordt de tuinmetafoor met de 'slangenmuur' van glazen stenen volgehouden, terwijl de lanen aan het andere uiteinde uitkomen op een als 'landschap' vormgegeven binnenplaats. De museumbezoeker wordt dus uitgenodigd om in alle rust langs de collectie te dwalen als in een tuin. Als hij dit naar chronologische volgorde wil doen, volgt hij bovendien nog een circuit dat een terrasvormig verloop heeft. Net als in een formeel aangelegd park heeft hij telkens ook doorkijkjes overdwars.
■ Speurtochten naar nieuwe wegen in de architectuur konden vervolgens worden ondernomen in het kader van een meervoudige opdracht voor het ontwerp voor een ongehoord groot project: de Bibliothèque de France. Zich baserend op de door hem bewonderde Bibliothèque Ste-Geneviève van Labrouste en het Grand Palais, maar ongetwijfeld ook geïnspireerd door andere reeds bestaande gebouwen langs de Seine zoals de Gare d'Orsay en Jean Nouvels Institut du Monde Arabe, koos hij voor een *parti* waarbij de beide eerstgenoemde typen zodanig worden gecombineerd dat als het ware een reeks Ste-Geneviève-bibliotheken (van overeenkomstige schaal, doch variërend van lengte) met vrije plattegronden op *pilotis* werd opgesteld in een grote glazen hal. De statische functies zijn op veel plaatsen naar de hoogst gelegen niveaus verplaatst: de ring van bureauruimten rust op hoge poten en het glazen dak is aan een grote parabolische boog gehangen, evenals de vloeren en glaspuien van de deelbibliotheken aan hun hoogst gelegen betonnen balken zijn opgehangen. Dit

'Grand Palais de Livres', zoals Hertzberger zijn ontwerp noemt, bevat eigenlijk in wezen de traditionele ingrediënten die wij in zijn werk hebben leren kennen, echter wat dynamischer gebracht door de hoge ophanging en de grote boog die, samen met de transportgangen voor de boeken, zorgt voor een accentuering van de diagonale middenruimte. In de plattegrond lijken de deelbibliotheken op hun kant gelegde torentjes van Centraal Beheer te zijn. (In de grote perspectieftekening van de hal lijken de kopgevels er ook op.) De deelbibliotheken zijn op verschillende manieren in te delen. De boekenmagazijnen zorgen voor het cirkelvormig contrast dat in het stadhuisontwerp voor Amsterdam al aanwezig was. In de dikke map schetsen voor dit ontwerp bevindt zich onverwachts een reproduktie naar een stilleven van Morandi, met cilindervormige lage potjes. Hun rangschikking komt terug in de 'informatiekralen' in de hal. Het is een imposant ontwerp. Toch ontbreekt er iets aan. Het is moeilijk te zeggen wat dit is. Misschien een expliciete verwijzing naar de formele hoedanigheden van Labroustes gebouw, zoals Peter Buchanan oppert?[18] Misschien is het ook wel te weinig brutaal om opgewassen te zijn tegen de metropool die Parijs heet.

Ministerie van Sociale Zaken en Werkgelegenheid
■ Al het werk van de laatste jaren wordt in zekere zin overstraald door een project, waarmee Hertzberger sinds het begin van de jaren tachtig is bezig geweest en dat op het moment van dit schrijven is voltooid: het Ministerie van Sociale Zaken en Werkgelegenheid in Den Haag. Er is geen werk van groter omvang in zijn oeuvre dan dat departementsgebouw en het zal waarschijnlijk, naast Centraal Beheer, zijn hoofdwerk worden.
■ Met Centraal Beheer deelt het een oppervlakkige gelijkenis. Die is gelegen in de geleding van deze grote kolos in kantooreilanden, maar deze zijn van een geheel andere schaal en bevatten afsluitbare werkvertrekken. Per verdieping kunnen in zo'n kantooreiland wel dertig ambtenaren een werkplek krijgen. Natuurlijk ook denkt men bij een oppervlakkige kennismaking aan Centraal Beheer omdat dat Apeldoornse verzekeringskantoor Hertzberger bekendheid heeft gebracht en diens handschrift in het Ministerie overal nadrukkelijk aanwezig is.
■ Toch is het eerder interessant om naar de verschillen te kijken. De totale organisatie is in Den Haag – hoezeer er ook sprake is van een patroonmatig weefsel – monumentaal, in de traditionele betekenis van symmetrie en axialiteit. Er zijn een duidelijke hoofdingang, een centrale entreehal, van daar uit twee evenwijdige roltrappen en weer vanuit het volgende niveau symmetrisch tegenover elkaar geplaatste roltrappen die leiden naar de linker- en rechterhelft van het gebouw, die alleen nog maar in het bovenste niveau met elkaar verbonden zijn door een smalle loopbrug. De ruimten waarin de roltrappen zich bevinden worden van boven verlicht door vides en hebben een feestelijk-openbare allure die enigszins aan Parijse warenhuizen doet denken. Deze vides kunnen door hun evidente functie voor diagonale stijgpunten niet de abstract-kritische betekenis toegedacht krijgen die de kruisvormige vides in Centraal Beheer hadden. Dat zou ook niet meer zo voor de hand liggen, zowel wat betreft de veranderde tijden – het interieur van Centraal Beheer wordt op het ogenblik van dit schrijven ontdaan van de informele trekjes van de vroege jaren zeventig en wordt van een chiquere afwerking voorzien – alsook wat betreft de functie: de overheid heeft een ander soort kantoor nodig dan een dynamisch bedrijf. Het is dan ook, bij alle Hertzbergeriaanse detaillering, van buiten echt herkenbaar als een ministeriegebouw: rijzig, symmetrisch en bijna 'verdedigbaar' door de massieve betonnen beëindigingen van de torens, die een volwassen en volwaardig tegenwicht bieden aan de fijnmazige vensterpartijen. Er is ook in de globale vorm van de torens een geslaagde, trapsgewijze 'uitkanting' van de volumes toegepast. Deze zorgt voor het verder naar binnen geleiden van het daglicht dat in de buitenruimtes tussen de torens

[18] P. Buchanan, 'Forum fellowship – Herman Hertzberger', *The Architectural Review* 1990 nr 2, 66

kan doordringen. De meeste materialen hebben, zoals bij Hertzberger gebruikelijk, hun natuurlijke kleur. Zelfs het groen van de glaspanelen in de borstweringen is een resultaat van hun oppervlaktebewerking.

■ Dit gebouw lijkt een samenvatting, een finale, te zijn van alles dat door Herman Hertzberger in de laatste decennia is ontwikkeld. Zelfs de syntaxis van de kolommen, balken en vloeren met al hun potentiële verbindingen ontbreekt niet, evenmin als de al zo vaak eerder in de erkers gebezigde citaten naar Duikers Openluchtschool. Dit magistrale gebouw is waarschijnlijk het sluitstuk van een ontwikkeling. In dezelfde tien jaar als waarin hij aan dit ontwerp heeft gewerkt, is Hertzberger daarnaast – zoals wij hebben gezien – andere, uiteenlopende, wegen ingeslagen. Deze maken nieuwsgierig naar het vervolg.

Woningencomplex LiMa, Berlijn

Structure and lyricism

One of the surprises in the Dutch architecture of the early sixties must have come unexpectedly to anyone looking south from the railway station at Amsterdam-Sloterdijk. There, it transpired, a singular structure had been erected on top of a nondescript, sombre industrial building, a structure with an air all its own and at the same time one reluctant to reveal its secrets. This secretive aspect related to the question of the structure's function. It did seem, however, to be an extension to existing premises. The firm in question – LinMij – with its name visible on the chimney and signboard, was obviously doing its best not to conceal its identity, and yet for this extension had not chosen an assertive architectural form that could have given its reputation an additional boost. This came across all the stronger because the design of this superstructure was evidently as much well thought out as well turned out – and here was the source of its special air.

The reason for this aura was that, in addition to all its understatement, the complex presented itself explicitly as a structure erected with sight and light in mind. Each of the elements – tucked one into the other, as it were – was stationed like an eye on the lookout; while the wall sections in glass block seemed to serve as collectors of light. Thus an exchange of optical properties had been brought to bear, a give and take assigning to every element an equal role in this two-way traffic. Thanks to the lacklustre, sombre-hued understructure this finely articulated edifice had everything of a mounted jewel, or (harking back to the glittering images of alpine glass architecture in the fantasies of Paul Scheerbart) a crystalline structure atop a dark rock – the LinMij extension 'seated' fairly and squarely on the old building, serenely keeping vigil.

The designer who had taken the trouble to devote so much talent, care and attention to this structure was the then thirty-year-old Herman Hertzberger. It was a distant relation of his with no interest in architecture whatsoever who got him this utilitarian commission – a sewing workshop for a towel hire company. Instead of the factory shed its directors had expected, there rose above the existing building a manifesto for future architecture. Basically this manifesto added up to a proposal of solutions for a structure open to further extension, every phase of extension having the character of completeness. Each new addition would thus constitute a rounding-off of the whole. The physical means to this end were a modular composition of facade and roof articulations, held together by prefabricated supports and beams in reinforced concrete. The principle of prefabrication was expressed in demonstrative fashion: in the loadbearing structure set forward from the facades 'ears' protrude at fixed points from the uprights. These continue in the concrete wall sections in the studio space as cantilevers on which the roofs lie like lids. Because each articulation brings with it a staggering of sections of facade these cantilevers are also visible at the side in the exterior; it is this element in particular that suggests to us a structure which in effect is expansible without limit – a sort of do-it-yourself stacking system of sliding drawers.

This explicit stating of the principle of expansion is an aspect fundamental to a major part of Hertzberger's oeuvre. It should always be clear to the observer what possibilities for the future are being implied and explained. Accordingly he should also be made aware of the building process. In its appearance the structure of LinMij consists of components each with its own weight, a weight borne aloft by the skeleton. Everything is stacked and is meant to be seen as such: lintels, glass blocks, roofs. And yet there is a momentary floating, with which the architecture seems to refer to the Heroic Period of the Modern Movement. That moment is crystallized in the lingering uncertainty as to how the structure as a whole is supported. The light colour of the concrete and the great quantity of glass seem to accord the LinMij extension a lower specific gravity that the 'rock' on which it 'sits'. This unmonumental, relative lack of weight adds to the expression of impermanence.

The non-monumental element ties in with the designer's ideas about the type of assignment; architecture for labour. The architecture is not heroicized, as it is in Behrens' AEG factories in Berlin. In his building Hertzberger wanted to express a humanizing of the work process. His major model in this respect was the Van Nelle factory in Rotterdam of Brinkman and Van der Vlugt (see p. 8). It is no coincidence that in Hertzberger's writings there recurs a reference to Le Corbusier, in which the latter describes the day he visited this factory as one of the finest of his life. Le Corbusier seemed affected most by the light on the factory floor and the magnificent view the workers had of the surroundings.[1]

Hertzberger too provided views out for those who were to work in his sewing workshop. He did this, however, with a far greater differentiation than that accorded the large spaces of the Van Nelle factory. In the latter case there is a curtain wall behind which the columns stand at a short distance from the uninterrupted glass facade. In LinMij the concrete supports in all their plasticity are placed *in* the facade, with between them an unorthodox layout of facade zones each extending from column to column. On the west side, above a parapet the same height as the work benches, are low strips of fenestration clearly tuned to human scale – contrasting with the great height of the workshop. At both left and right are opening lights that are square – an unusual shape in those days. The best view can be had when seated at a work table. There all these aspects combine to create a 'place'. Once standing it is no longer possible to look out horizontally – a concrete beam and above it a wall in glass block obstruct the view. But this zone too, largely beyond reach though it is, offers possibilities for daily use. The concrete beam can serve on the inside as a window-sill, with room for plants and suchlike. Above the glass-block zone is a further concrete beam, with above it yet another strip of fenestration of the same height and subdivision as the one at eye-level.

On the outside the latter beam seems to form a further parapet, suggesting an upper storey there. The LinMij laundry is full of such ambiguities. The changing height of the bays has contributed towards creating a difference in meaning between like components. Vertically, the composition is often tripartite. The resulting vertical near-symmetry is revolutionary in that it tends to neutralize the usual hierarchy in architecture of 'above' and 'below'. Where a component of this tripartition is subjected to a change in meaning, it could be described in musical terms as the common note in a modulation from one triad to another. Such transitional situations would colour the rest of Hertzberger's work. (This is as much true, incidentally, when considering the lack of windows in the sense of flat holes in the wall. Such elements are rare in his work.) Thus full of self-confidence Hertzberger described his first completed opus as a 'prototype'.

Photographs

Many of Hertzberger's buildings – the LinMij laundry extension included – have since their completion been modified and refurbished. We can become acquainted with their original state only through old photographs. This is why in this particular monograph in the series the photographs are not all from the same hand. It is not unimportant to continually bear this in mind. The splendid photograph the architect himself took of the interior of LinMij (see p. 29) approaches in a more direct manner the cast of mind in which Herman Hertzberger designed architecture then than one taken today. This is not just because the people captured in it must have left long ago. The photographer was evidently fascinated by the light that enters in a variety of ways – through windows at varying heights, through the glass block, also through the glass front of the built-in loggia. But this fascination with light is not only based on what Le Corbusier deemed the essence of architecture – the play of light within its volumes – but much more on the relation of this play to what is required in a space such as this workshop by the people working there. Here light is depicted as a real need of man at his daily work. That this photograph can even conjure up associations with a scene from an opera (the cigarette factory where Carmen works?) need not imply that its maker (in the role of an artist alienated from that daily work) had recorded a picturesque image like the above simply as it appeared at that moment. In his respect for and love of people – and Hertzberger, unafraid of possible derision for being over-emotional, used these words in his writings of those years – the architect expressly wished to incorporate a lyrical and adventurous element in his building.

Invariably in publications by and about Hertzberger people inside and outside his buildings are included in the photographs. This is essential because Hertzberger's architecture is geared towards inviting

---

1
'Je dis que la visite de cette usine fut l'un des beaux jours de ma vie' (From Le Corbusier, *La ville radieuse*, quoted H. Hertzberger, 'La tradizione domestica dell'architettura "eroica" olandese', *Spazio e Società* 1981 no. 13, 81

behaviour. In a certain sense form with no human reaction to it is stripped of its relevance. In this book, however, the intention is that the recently made photographs should devote rather more attention to the purely formal qualities of the work.

Forum

■ The documentary character referred to of architectural photographs ties in with an attitude adopted some years before the LinMij commission and set down in the annals of history under the name 'Forum', after the architectural magazine of that name. To this day Hertzberger has remained faithful to that attitude. Basically it stands for the undivided unity of all sectors of life that involve architecture. According to this vision art and daily life belong together, art cannot be separated from architecture, nor architecture from the basic needs of man whether as an individual or as a member of society. It was a reaction to the state of affairs surrounding the postwar reconstruction; a poetic sensibility that took a stand against depersonalizing mass housing and the division into architecture and urban planning. In 'Forum' doctrine small and large components of our environment of artefacts fundamentally deserve equal love and attention, in the cause of a humane, free existence for as much adults as children. Programmatically this humanizing was captured in such key terms as 'place', 'threshold', 'encounter' – all intended as quintessential conditions architecture and urban planning should embrace.

■ 'Forum', as we know, designates a group of architects who during the years 1959-1963 were active as editors of the magazine bearing that name. Aldo van Eyck and Jaap Bakema, the two Dutch members of Team X, were among those who diverted this magazine, since 1946 the mouthpiece of the society 'Architectura et Amicitia', along an unprecedented path. The young Herman Hertzberger, recently graduated from Delft, was asked to join the editorial board. He looks back on this period as post-doctoral training. What Van Eyck and Bakema introduced at the editorial meetings made a lasting impression on him, and gave him the feeling that his time spent at the Technical University had amounted to 'brainwashing'.[2] At least that was his term when later recalling that his formal period of study fell between his initial confrontations with the two buildings that have perhaps had the most decisive effect on him. A visit he paid to the Maison de Verre of Chareau and Bijvoet in Paris was the event that convinced him to become an architect. The other building was Van Eyck's Children's Home, under construction at the time when Hertzberger joined the editorial board of Forum (see p. 10). 'This building gave me direction' and came 'at precisely the right moment', he was later to write.[3]

■ In the 'Forum' years Hertzberger perhaps concentrated most on the study of forms for transitional spaces between public and private domain. In 1959, in the eighth issue of Forum that year, he published a photographic study of combinations of stacked matchboxes convincing in its simplicity (see p. 10). It demonstrates how through the simple rearrangement of standard elements transitional zones between public and private show up as a bonus, so to speak. The series of examples extends from the one extreme of a closed block lacking all such transitional areas to the other, a structure in which the two domains fully interpenetrate.

■ An investigation like the above presupposes a striving after interesting forms for standard elements – spatial cells – as well as satisfying structures within which they can be arranged in a non-monumental, non-hierarchic context. Eloquent examples include the LinMij laundry extension and the Montessori School at Delft. However, the most spectacular building from the Forum days lacks this character. The student hostel on Weesperstraat in Amsterdam – the competition for which Hertzberger won with T. Hazewinkel with a design from his student days (and thus predating his Forum period) – was rendered unsuitable for the above approach by the planning conditions imposed upon it. Its basic form is that of a Corbusian apartment building, not least through the ground-floor porch, the many public functions and the 'living-street' halfway up the building. But in its execution Hertzberger introduced a far greater wealth of transitional zones and 'inviting forms' than Le Corbusier had done in, say, his Unité d'Habitation in Marseilles. Nonetheless, nothing could be more Corbusian than the shape of the concrete benches on the 'living-street', encouraging a myriad uses and associations.

Montessori School, Delft

■ In its initial state, designed in 1960 – it would later be extended on various occasions – the Montessori School at Delft reveals more than any other work by Hertzberger the influence of Van Eyck. The plan groups classrooms stepwise on either side of a hall. Not only does this avoid what Hertzberger terms 'the usual classroom-train' but gives each an added richness of form: no oblong or square this time but two rectangles combined in an L-shape whose spatial quality is enhanced by lowering the level of the inward-facing end of the L. In the angle of the L cloakrooms nestle naturally in a corner diagonally opposite the classroom doors. Here, with daylight pouring in through a rooflight, there is room for a table for a group of children with a separate task.

■ While this basic structure is enough in itself to enliven the spatial effect in and around the classes, many other subtle means add to it. In essence these combine an unusual daylight incidence (i.e. at the rear of the sunken classroom sections) with all manner of details that generate intermediate areas between inside and outside and between the rooms themselves. Thus the spaces merge almost imperceptibly, as indissoluble as the equal partnership enjoyed by principal and subordinate form in the facades: there the large windows so narrow and widen that the stacked piers remain as anthropomorphic shapes. These recall the depiction of combinations of pillars and capitals in the facades of Van Eyck's Children's Home. Here Hertzberger seems to be vying with his mentor, in all likelihood particularly inspired by the example set by Gaudí's Casa Güell in Barcelona. This would also be consistent with Hertzberger's own design method. Unlike Van Eyck – who primarily designs from floor plans, developing the elevations afterwards – Hertzberger thinks continually (as Gaudí had done) in terms of both.

■ The Montessori School is in fact a single continuous system of spaces and intermediate areas. It therefore expresses wonderfully the process a growing child needs most, namely to explore using a mixture of fantasy and reality within domains appropriate to such activity. Translated versions of explanatory notes on this building (and others by Hertzberger) use the term 'transitional zone' or 'zône intermédiaire' to denote such domains. We seem to have arrived at one of the key concepts in the thought of the great British child analyst D.W. Winnicott, in which terms like 'intermediate area' and in particular 'transitional object' play a central role.[4] The intermediate area is the psychic domain within which an exchange can take place in the child's development process between creatively fantasizing about the as yet unknown world outside and putting that outside world to the proof. The fantasy is as yet devoid of content, so to speak; by testing reality it becomes charged with suggestions. In the relationship with the mother, who in all 'good enough' instances should anticipate the child's wishes, this intermediate area is where the desires and aspirations of child and mother overlap. It belongs to neither one nor the other: it is a 'neutral' zone where the child can steadily accumulate his experiences. This mechanism continues to play a role throughout the rest of our lives.[5] Our ability to fantasize, to transform reality through fantasy, cannot evolve without this intermediate area, which in Winnicott's view belongs to neither subject nor object.

■ In Hertzberger's Montessori School the main entrance and countless other zones where spaces overlap offer the child, literally as well as figuratively, the unthreatened opportunity to be subjected to an as yet undescribed fantasy (aided by such elements as his uncertainty about being indoors or out) and to enrich this fantasy with his experience of reality.

■ Thus in an architectural-spatial sense what has both literally and metaphorically been achieved here satisfies a vital need in a child's psychic development. A fascinating aspect is that this expression has a semi-public, collective character and is not geared just to the individual. And here lies the very essence of Hertzberger's contribution to twentieth century architecture: he has come up with the means of expressing the needs of the individual in space-forms that are collective by nature.

■ This brings us to the second concept occupying a central position in Winnicott's life's work: the 'transitional object'. In the intermediate

2
H. Hertzberger, 'Het twintigste-eeuwse mechanisme en de architectuur van Aldo van Eyck', Wonen TABK 1982, no. 2, 13
3
See Note 2
4
D.W. Winnicott, Playing and reality, Harmondsworth 1980, particularly Chapter I: 'Transitional objects and transitional phenomena'
5
Arnold H. Modell, 'Objects relations theory; psychic aliveness in the middle years', in J.M. Oldham and R.S. Liebert (Eds.), The middle years. New psychoanalytic perspectives, New Haven-London 1989, 22

area, where given a favourable development the child can learn to forge relationships with the outside world, objects (e.g. a Teddy bear) generally play an important part as a kind of intermediary. What this concept of the transitional object basically entails is a theory about the creative development of our imagination using objects, not only during childhood but all through life. Even that has been catered for at the Montessori School. In the communal area in the centre of the hall Hertzberger placed a 'podium-block', an unavoidable obstacle where pupils can try out their ability to fantasize (see p. 12). Here too he has unerringly found a tangible form for something deriving from the needs of the individual and raised to a collective level. For this transformation into the communal is almost exclusively aimed at motor reactions that act as a catalyst on the imagination. This platform is the collective 'transitional object' Hertzberger has presented to the children at this school. It is perhaps only when we imagine in its place a bronze Teddy bear on a plinth, that the subtle value of this abstract obstacle can be fully grasped.

Centraal Beheer
■ Of all Hertzberger's buildings the one that has created the greatest stir is the headquarters of the Centraal Beheer insurance company. It is still considered his pièce de résistance, with the possible exception of the Ministry of Social Welfare and Employment. In Centraal Beheer a number of aspects relating to the 'office' assignment have been radically restated. Hertzberger took as his primary point of departure the lives of those who would spend eight hours a day there – in other words half their waking hours for that day. This concept led him to find a form that would enable those working there to create their own place, 'a place where everyone would feel at home', both individually and collectively. The form he chose set out to combine the advantages of an 'office landscape' with those of the individual working station, in other words a spatial disposition to combat the psychological isolation of the individual while offering each a personal place. The spatial characteristic that predominates is a composition of 'office islands' that give the whole the appearance from outside of a hill-town. The plans consist of a regular grid structure in principle combining in each 'island' three functions – activity spaces, connecting corridors and voids – all according to a consistent grid plan allowing a wealth of variation in subdivision and execution. The latter is of particular importance as regards modification of the work spaces to suit the type of activity and the wishes of their immediate users.
■ As in the case of the Delft Montessori School the spaces merge almost effortlessly, and if that school can be described as one continuous context of spaces and intermediate areas, so can Centraal Beheer. Here, however, Hertzberger takes it much further, not only because quantitively we are dealing with another scale, but also because this – in connection with the office function – goes much deeper qualitively too. The grid pattern seems to be one large intermediate area linking all spatial components without affecting their individuality. Here, then, is a 'structure' in Kenzo Tange's use of the word: all components of this building have equal standing, the 'cells' of this office building in which communication plays such an important role are fully interlinked.[6]
■ The relationship between function and space is not static, as in analytical functionalism. This relationship merges into another, all-connecting dynamic order, in which the linking of functional units takes place with a greater pluralism, elasticity and spontaneity. It is largely because the visual and motor communication between its users is allowed to evolve along much more varied lines than in a traditional office building or 'office landscape', that Centraal Beheer retains the ability to fascinate.
■ And should a single intermediate area, one spread across the entire grid, indeed be a fitting description of this building, could not that other concept from Winnicott's theory cited earlier, namely the 'transitional object', apply too? Certainly not in the sense of the Delft school's 'podium-block' designed to fire a child's imagination. But Winnicott's vision has meaning for later life as well, as a theory about our creative fantasy. We need 'intermediate areas' and within them 'transitional objects' as adults too, if our experience and interpretation of all around us is not to be exclusively literal and 'plain' – meaning pointless and futile. Winnicott states: 'It is creative apperception more than anything else that makes the individual feel that life is worth living'.[7]
■ Centraal Beheer is in this respect full of 'inviting forms' (to use Hertzberger's words). There is, however, one overriding element. This is no obstacle in the centre of the public zone – a more tenuous object than the clock occupying that position is difficult to imagine – but the constantly repeating cruciform voids. In the way that the Delft school platform is abstract in character, serving primarily to elicit imaginative motor reactions in the pupils, so too are these voids, this time because they are quite inaccessible (even to the director). So confrontation with these voids elicits a reaction psychological rather than motor. They are there as the insubstantial emblem of a non-private condition applying to everyone there. In this office building, where administering up-to-date regulations is the supreme order of the day, these voids serve as a reminder, and a silent evocation, of an immanent order countering the legal reduction of reality to policies and claims. This function of an all-connecting spatial counterpart seems to match that of the central space of Wright's Larkin Building (only photographs of which remain, see p. 13). But by their non-hierarchic interweaving throughout the complex these voids are closer to the daily life of the employees than to the identity of the firm employing them. It is because this interweaving clashes with that of the circulation routes – the voids seem to deliberately obstruct them – that we can read into them a symbolic social criticism.
■ Centraal Beheer was in fact the built sequel to two competition designs that failed to reach the commission stage, for town halls in Valkenswaard and Amsterdam. Like Centraal Beheer the Amsterdam proposal was based on the penetration of the complex by traffic routes. Somewhat prophetic of the combined town hall and music theatre that was eventually built, is Hertzberger's incorporation of a civic hall that could also have functioned as a theatre. This means that in the centre of the competition design is a large volume (not the only large space in the plan) that disrupts the otherwise consistently repeated pattern. On the Amstel river side in particular this pattern generates an unmonumental effect, in the sense of an almost complete absence of hierarchy. This is largely because the structural units are set diagonally to the riverbank and thus lack frontality. *Forum* (meanwhile with a new editorial board which did not include Van Eyck and company) thought it worthwhile to devote a theme issue to Hertzberger's design – unconnected with the competition procedure, and so really against its better judgement – as the best of the 804 entries.[8] It is a pity that this exceptionally fraternal gesture brought no results.
■ Even should we agree with the above campaign, a dilemma dogging this pair of designs should not be allowed to go unnoticed. It is the issue of identity and recognizability as a 'building' in the urban landscape. An exterior expressing its fundamental capacity for expansion – or as Hans van Dijk put it, appearing as 'shreds of fabric without a hem' – undermines at townscape level this very ability to be recognized and with it the urban 'liveability' campaigned for by the 'Forum' architects.[9] The tension set up between the demands Hertzberger wished to make on the exterior as an expression of the interior on one hand, and those made on the exterior as a recognizable system that radiates an identity within its surroundings on the other, is an aspect which from then on was subjected to a stimulating thematic treatment, one which would ultimately affect the course of his work.

Vredenburg Music Centre
■ The next large-scale commission – for the Music Centre in Utrecht's Vredenburg square – lent itself well to such thematic treatment. Not only did the building have to link up visually with the scale of the old town, but was also to be a reaction to the massive scale of the Hoog Catherijne shopping and office complex, and whose continuation it in fact forms. Consequently the exterior combines two properties, namely an expressive massiveness and its almost nervous articulation. This new point of departure was all the easier to adopt because here was the first building by Hertzberger not intended for permanent users. For each concert brings with it a new audience. As a result Hertzberger could not expect to supply an 'unfinished' product, to be completed by its users. He therefore had to design and later implement all the details himself.
■ And yet the Music Centre is every bit as much a 'call for completion'

6
A. Lüchinger, 'Strukturalismus – eine neue Strömung in der Architektur', *Bauen und Wohnen* 1976 no. 1, 6
7
Quoted Modell (Note 5), 22
8
Editorial by P.K.A. Pennink, *Forum* XXI no. 4 (May 1969)
9
NRC Handelsblad 12 February 1979

by the public, as this building, like no other in Hertzberger's output, offers a wealth of possibilities for association. This is not only so in terms of the many examples from architectural history, but also the purely visual and spatial experiences of its visitors, whose faculty of memory is so overtaxed that in Hertzberger's view they might easily keep getting lost in the corridors round the auditoria. And historical associations there are in abundance. There is little point in entering into them here and playing a game of patience with architectural-historical comparisons in which being right is a question of manipulation. For the most 'patience' would then be shown by Hertzberger himself, of all architects the most thorough in stipulating his sources of inspiration. It must have been Aldo van Eyck who once said that to his knowledge there was no one Herman Hertzberger had not learnt something from at some time or another.

■ There is another facet of the Music Centre that conveys to the public something able to play games with its memory: the concrete columns with oversize heads spaced regularly at the periphery of the auditoria like a *basso continuo*. It has been asserted that this motif is superfluous.[10] In the present author's view it is an effective plastic, visual means of helping the visitor feel at home both outside and inside the Music Centre. In recalling the succession of images this motif can serve the visitor as a point of orientation, a regular pattern through which all variation in space-forms, windows and walls is better experienced and prevented from looking chaotic. The aesthetic tension striven for since time immemorial in architecture between uniformity and deviation from it is here introduced through a series of combinations of columns each with its own different immediate environment. These combinations he has mapped out like a visual syntax (see p. 14). It may not be intentional, but the way in which this is done – staves, stems, rests and pedal-points – has everything of a musical notation.

■ The Music Centre is able to continue to fascinate through the combination of paradoxes that result from diverging demands made upon it. Never before had Hertzberger had to design a space as vast as the large auditorium, a fact unconducive to a finely articulated pattern. The large and small auditoria are surrounded by smaller-scale spaces that do not evolve in a structural sense (if we ignore the pattern of columns), but rather react 'ad hoc' to the place. For it is the place (the physical data of Vredenburg Square) that responds to the spatial proliferation of the Music Centre as an urban element (a proliferation caused by the centrifugal disposition of the plans and detail of the elevations) by calling it to a halt, as it were, in doing so succeeding, against all odds, in drawing all the components together.

Amsterdam schools

■ While Hertzberger had little cause for agoraphobia at Vredenburg square, it was unavoidable in the case of the Apollo schools in Amsterdam South. The result is magnificent, very much so because here the dangers inherent in an open space had to be faced up to. The Apollo schools are set as asymmetrically sited twins in an open space in a villa district. Their asymmetry has much subtlety: the building lines when produced do not intersect but coincide in an east-west direction; the main axes of the two buildings are at right angles to each other; while the plan and elevations of each feature minor variations on the other. All this results in the otherwise rather cluttered neightbourhood in a spatial tension that has a stabilizing effect. Indeed, the two schools are conceived as two villas. Their largely symmetrical plans and cruciform main halls remind one strongly of Palladio's country houses. Not only as one of a pair but separately too, each has a balanced and at the same time suspenseful air, because here in fact for the first time in Hertzberger's work he achieved a convincing synthesis of inside and outside. Each of the exteriors constitutes a whole with its own powerful identity. The symmetry of the plans is expressed outside and the contents are enclosed by facades and fenestration possessing an element of tension. With this each of these schools represents as great a combination of 'pressure' and 'counter-pressure' as they do together in their urban surroundings.

■ The jury that awarded them the Amsterdam Merkelbach Prize in 1985 remarked: 'If we were to set his [Hertzberger's] buildings on one side, upside down or turn them inside out, their architecture would remain the same. A greater compliment to an architect is difficult to imagine.' Indeed these schools do have something of certain cube-shaped Japanese belt ornaments or netsukes which can be set down on any of their sides.

■ To say this of the school that quickly followed – 'De Evenaar' on Ambon Square in Amsterdam – would be unthinkable. Here too the plan exhibits a basic symmetry, but one shifted along the central axis. Partly because the head elevations thus created are shaped like segments of a cylinder, the impression the school gives is of a rotated symmetry. And whereas the more or less unformed surroundings of the Apollo schools demanded a Palladian order, a contrasting dynamic volume seemed a more apt foil to the enclosed, angular Ambon Square.

■ Yet in this school, too, many properties of its predecessors can be found, such as the living-room acoustics, the irregular shape of classroom, cloakrooms in recesses, the absence of long corridors. The stair in the main hall is there too. It is a motif that embraces many components – a central encounter area, a place for theatrical performances and also (though possibly not consciously intended as such) a symbol of the toplit 'ladder of being' in the heart of the building.

■ At all events it is impossible to avoid the impression that by the literal concentration inside of hall and amphitheatrical stair, with all the attendant symbolism, the architect also intended a *mental* concentration of the pupils, as individuals and as a group. This has to do with the seriousness with which his work responds to play. It seems that Herman Hertzberger has never lost his affinity with the world of children. For him light-heartedness and optimism join in marvellous combination with a didactic approach involving an almost excessive desire to account for everything. This explains the Durandesque series of graphic schemes illustrating didactically all manner of beam and column junctions. It explains too the 'lessons in architecture' thrust upon us in the walls of the schools up to and including De Evenaar – comprehensive illustrations of how the concrete skeleton combines with the blockwork; all is accounted for, and in brilliant style too. What is irritating to some the present author tends to view as the product of a highly developed 'super-ego' that in the architect's innermost being dictates that he justify what he does. During the last few years, however, this has been accompanied by a growing tendency to shake off this design approach to arrive at one less arduous, simpler and more lyrical. In this compulsion to justify we can, of course, discern a typically Dutch trait. Yet in combination with the desire for lyrical freedom, there are also recognizable similarities with the music of Brahms (of which Hertzberger is very fond), which is often fraught with weighty, uncompromising passages of great length as if they were the ore from which the melodic outpourings have to be extracted. It would seem that in the late eighties – beginning with the school at Aerdenhout – Hertzberger began with success to break free of this mental stranglehold; or as Rem Koolhaas recently put it, 'to try to escape his own influence'.[11]

'Optic' and 'haptic' – a Berlagian handwriting?

■ Of course we cannot attribute the architectural handwriting of Herman Hertzberger to the Dutch mentality alone; and even less so to a reference to his personal affinity with the music of Johannes Brahms. For the major aspect must be the architectural-historical foundations of his work. In an enlightening essay on Hertzberger Kenneth Frampton has referred to a tradition of Structural Rationalism in Dutch architecture. This tradition can be traced back to the great significance the writings of Viollet-le-Duc had for the pioneers among Dutch architects of the last few decades of the nineteenth century. According to Frampton this structural rationalism is in a sense brought to bear in the work of Berlage. 'The same kind of tectonic tactility, deriving from the logic of the construction, is patently decisive in shaping the tenor of Hertzberger's architecture.'[12]

■ This viewpoint is in itself not incorrect, though it does ignore developments in the Modern tradition since Berlage. It is by recognizing the difference between the two architects that an essential element in Hertzberger's work can be clarified. For there is a crucial aspect of the earlier architect's work (in particular the Amsterdam Exchange) that lends the proposed 'tectonic tactibility' a double meaning. Berlage's great achievement was to set out to create his own public. This he did by

10
Hans van Dijk, 'Hertzbergers huizen. De mogelijkheden en grenzen van een leidend thema', *Archis* 1986 no. 12, 20
11
Rem Koolhaas, lecture at seminar 'Hoe modern is de Nederlandse architectuur?'. Faculty of Architecture, Delft University, 27 April 1990 (notes by A.W.R.)
12
K. Frampton, 'Het structurele regionalisme van Herman Hertzberger', *Archis* 1986 no. 12, 11

leaving exposed the constructional elements, but equally by levelling off the wall in terms of mass. His intention in doing so can be expressed in simple, concrete terms. During the course of the design process of the Exchange Berlage gradually dispensed with all decorative components extending beyond the wall surfaces. Virtually everything in the way of ornament or sculpture incorporated in the Exchange is kept within the confines of that surface. This aspect appealed greatly to a small circle of progressive admirers. For them the Exchange was a prototype of Gemeenschapskunst ('community art') precisely because all references to history and culture were housed *within* the 'objective' wall surface and thus transmuted into common property. The majority of visitors to the Exchange, on the other hand, were conservative in outlook and unable to appreciate its architect's intentions, probably because they had unconsciously grasped these perfectly well. Psychologically speaking, acquisition as an individual need could not be projected onto the Exchange, as was possible with the opulently decorated 'Neo' architecture. Such aspirations simply rebounded, as it were, from the levelled-out wall. In this sense Berlage's architecture of the future did not represent 'inviting form', to use a term of Hertzberger's.

■ Thus Berlage tried to manipulate his public. The ideal of a Gemeenschapskunst, however, was destined to come to nothing. Admittedly he did attempt to reintroduce by means of a tectonic styling a generally applicable system of symbols, but this was accompanied by another process, identified only later, that would present Hertzberger with one of the key dilemmas in his thought. For Gemeenschapskunst was unable to acquire a social basis because of what Lévi-Strauss called the individualization of the art-loving public.[13] According to this French cultural anthropologist the fragmenting of the relationship between art and public during the past century is due not to the near-anarchic diversity of art produced, but to the individualizing of its public. In Hertzberger's creative work, the acknowledgement of this artistic-sociological phenomenon forms a quite incontrovertible point of departure.

■ But this says far from everything about how Hertzberger's work deviates from the intentions attributable to Berlage's architecture, nor about how the structural rationalism of the younger architect ties in with that of the builder of the Amsterdam Exchange. For the tradition Hertzberger evokes the strongest is certainly that of the Modern Movement. The architects of this stream based their work on examples such as Berlage's. Though 'community art' no longer featured so heavily in their programme, they still turned out their pristine white boxes with much steel and glass in the supposition that such a manner of construction would lend itself to general application. Unlike, say, Le Corbusier – or so it seems – they showed little consideration for any 'individualizing of the public' in their non-individual commissions of the twenties and thirties.

■ Agreed, their buildings have even less elements than the Exchange onto which the psychological need to gain possessions and property could be projected. But the added – or rather subtracted – element was that *language* now had less of a grasp: for no matter how well assimilated into the wall surface of the Exchange a capital, for instance, could still be recognized and named as such (see p. 17). In a tangible sense Berlage had achieved a reduction, in an optical and linguistic sense this was much less true.

■ In Duiker's Zonnestraal (see p. 17) aftercare colony and buildings by Le Corbusier from the twenties all efforts were directed towards an interchange on equal footing of solid and glazed components, as a result depriving any differentiating linguistic designation of much of its weight. Windows below a projecting balcony or in a set-back ground floor are perpetually in shadow. As the frames are painted in dark colours, they – in contrast with the white components of the exterior – are difficult to perceive individually. If doors form part of such spatially and optically set-back sections of facade these too are less obviously 'doors' to the beholder. Thus part of his linguistic storehouse is barricaded off because his ability to specify each component as a component has been drastically reduced.

■ When the Rietveld-Schröder House was undergoing restoration some years ago and sections normally white-rendered became brick walls, the essence of its architecture was gone. Something else was there that was obstructing this essence, both as a single mass and in great numbers. That something could be expressed in words and, brick by brick, layer by layer and in its totality, counted exactly. Since completion of the restoration these sections of wall are once again smooth and finished in light hues; virtually any attempt to seek nodes for linguistic attachment is deflected.

■ When Hertzberger speaks of 'inviting form' this cannot only be defined as a hint to use the architecture in a particular way, but is as much an invitation to *look* at it in a certain light. It has to do with the delight we feel when looking at something truly skilful, whether this be a painting or a built edifice. In the case of Hertzberger's buildings – at least those up till recently – the observer should be able to see how they are constructed and above all how they are composed layer by layer. Besides all economic and constructional advantages it is this that explains his preference for concrete block (that it is particularly prone to pollution he is prepared to accept). The eye is not deflected by it, but on the contrary is stimulated to action; language comes into its own too. For the above-mentioned capacity of being expressible in words and numbers is even better applicable to a wall in concrete block than to one in brick.[14]

■ If Hertzberger did not have so much talent and professional ability we might say he was allowing something of the amateur to show in his work, perhaps in a manner comparable to Rietveld's: a child should be able to see how a thing is put together. By 'child' is meant the child in all of us, or rather the part that brainwashing may have left. I suspect that all this can be related to Hertzberger's own Montessori education. His mentality is geared to the motor development of all the senses we possess. For inviting form is also intended to stimulate the sense of touch; this is demonstrable in all his work. As opposed to, say, Berlage's Exchange the capitals of the Music Centre cannot only be perceived optically, but possess an expressly tactile plasticity. With this he has implicitly taken sides from the very beginning in an art-historical, antithetic double concept already a century old, to wit the optic (sight-related) and haptic (touch-related) bipolarity in art and architecture. The side he has chosen tends towards an intertwinement of this bipolarity so advanced that it constitutes a 'twin-phenomenon' as defined by Aldo van Eyck. It bears comparison with the black keys on a piano: the function they serve in relation to the white is transmitted to the player as much by sense of touch as by an optical signal. It is not for nothing that Hertzberger uses the metaphor of musical instruments when explaining his work. He sees the user as a player, capable of doing what he will with the architecture.[15] This is Hertzberger the born musician speaking.

■ Then again, it seems that even his critics accept the acoustic metaphor. Irritated as he was by the extremely detailed exterior of Vredenburg Music Centre the Italian critic Bruno Zevi could not suppress a disapproving 'Taci mura' (wall, be silent!). It comes as no surprise, though, that an Italian should have trouble enduring the restless motion of the eye confronted with such bustling detail.

■ The 'amateur' aspect mentioned above can also be read in the guilelessness drawn attention to earlier with which he reveals in his work and accompanying notes, how and through what examples he arrives at his designs. One of his prime models in this respect is Rietveld. What was 'amateur' about Rietveld was not just his down-to-earth, easy-to-understand carpenter's constructions, but equally the transference of what Giedion termed 'space-time' in modern architecture to the practical level of day-to-day life. Rietveld rendered space-time not only in the artistic expression of his architecture and furniture but – most consistently – in terms of its real use in time; a time in which (to paraphrase Marcel Duchamp) the architecture is completed by the user.[16] Rietveld endeavoured to provide within this 'user-time' a wider choice of possibilities by inserting sliding partitions in the Schröder House to variously subdivide the space according to wish. In doing so Rietveld demonstrated his concern with what we earlier termed the individualizing of the (art-loving) public. Equally, when Mies van der Rohe said 'less is more', those with ears to hear understood this too as meaning a new freedom of choice. That is, the less differentiation in the architectural form of a building, the more room left for turning to the requisites for life there,

13
J.L. Locher, 'Lévi-Strauss en de structurele bestudering van de kunst', *Opstellen voor H. van de Waal*, Amsterdam-Leiden 1970, 101-113
14
Hertzberger on language and architecture (in this case Van Eyck's Children's Home), p. 11 of article in Note 2
15
H. de Haan, I. Haagsma, *Wie is er bang voor nieuwbouw?*, Amsterdam 1981, 141
16
Hertzberger on Rietveld in De Haan, Haagsma, 152

which the user wishes to contribute to the architecture in order to effect its meaningful completion. And yet the users of the workers' housing Le Corbusier built at Pessac in 1925 gave quite another interpretation of 'less is more' (see p. 19). They seized the opportunity to complete the bare, functionalist architecture with bits and pieces they themselves knocked together. As little as Berlage saw of the fulfilment of his 'Gemeenschapskunst' ideal, so it was too with the Modern architects, who could hardly intervene in such situations without destroying their own ideal. This ideal was, after all, attuned to life in the future and not to some static condition. The users, with their own way of arranging things, were the ones to come off best.

■ This was the point at which 'Forum' set out to give architecture a new direction. The open end of a 'less is more' extending into the future needed filling with the expression of something the user could hold on to: a helping hand on a general human level, a level which in anthropological terms was considered fundamental. Notions such as 'place' and 'occasion' had to serve as a potion to ward off the 'time-space-phobia' that functionalist architecture with its time-space idolatry had evoked in the Forum camp. The most eloquent example, mentioned earlier, of this 'helping hand' was Van Eyck's Children's Home, which had made such a deep impression on Hertzberger (and that largely due to his efforts was saved when demolition threatened a few years ago).

■ Actually the fate hanging over the Children's Home had already been presaged by internal alterations instigated by the management, who had decided that Van Eyck had given the children a few too many occasions and places. Having become wiser through experiences like these, younger architects sought other directions. In 1967 Hertzberger built some experimental dwellings in Delft, providing just the basic shell. The occupants of these Diagoon houses (see p. 19) could complete them as they saw fit.[17] Here, then, was an attempt to reverse the 'Pessac effect' and avoid the frustrations such an effect had on the architect. The dilemma was deflected back to the user. In this respect Hertzberger has yet to equal the lengths he went to in the Diagoon housing.

School at Aerdenhout and Berlin commissions

■ Hertzberger's architectural handwriting is indeed related to Berlage's tectonics. But whereas the earlier architect introduced a deflective element to his walls that would be sublimated by his Functionalist admirers into 'white boxes' on which language has no grasp, Hertzberger takes the opposite direction and supplements the 'optic' with the 'haptic'. From there everything connected with 'inviting form' and 'completion' by the user follows logically.

■ His most recent work – beginning with the Aerdenhout school extension – has seen the appearance of a new tendency. This can be defined as a more flowing treatment of space, in part achieved by less tough-looking walls, a more slender structure and a lighter finish. In the exterior of this school the most striking element is the segment of cylinder faced with wooden planks painted glossy black, housing two pairs of classrooms and set at an angle to the more 'standard', angular classroom block at the back. Spawned between these two blocks is a wedge-shaped hall lit from above and from the classrooms. There is almost nothing here of the massiveness so typical of the main spaces in the Amsterdam schools. Here Hertzberger has forged a link with the classic examples of the Dutch Modern Movement. The wedge-shape of the hall, combined with the freestanding columns and slender stair, recalls the Rijnlands Lyceum in Wassenaar by J.P. Kloos (1938). While its potential as a theatre is much more played down than in the preceding schools, the deeper connotations accorded the stair in the latter have here been transferred to the metal bridge joining the two classroom blocks – a symbol of transition.

■ The extension of the school in Aerdenhout seems to mark a turning point in Hertzberger's work. Here his apparent efforts to escape from solid, massive tectonics had evidently discovered an outlet, paradoxically enough, in restricting factors. The budget was extremely tight, there was an existing building partly requiring demolition and the setting was unusual. The segment-shape emphasizing the curve of the road junction has a simplicity that Hertzberger would gladly see considered the hallmark of his future work. No longer the laborious modulations and ensuing rhythmical reactions of a Brahms but rather a more Schubertian process sustaining bar after bar the same rhythm and the same chord without becoming monotonous.

■ However, there is one element Hertzberger seems determined not to relinquish. This is related to his respect for the individual user of architecture and city. His best work takes into account the fundamental need all of us have for zones and objects, in or with which we can satisfy our desire for orientation and creative fantasy. There would seem to be two poles between which Hertzberger's creative activity oscillates, namely the wish to make a simple, well-chosen gesture and equally to uphold all ideals relating to the user. This activity is one that proceeds by trial and error.

■ Amongst his best work of the eighties are two buildings, one realized and one projected, in Berlin: the LiMa housing complex and the Film Centre. We can treat these as precursors of the observed change of direction in Aerdenhout. The LiMa housing on Lindenstrasse combines an eloquent basic form with an articulation recognizable from outside of the public area within that basic form by means of airy public stairwells. The flowing spatiality, due in part to the ample balconies and white rendering, is probably equally attributable to the influence of the architects Hinrich and Inken Baller, who took care of elaboration and supervision of the work on site. (Hertzberger had already collaborated in Kassel with this husband-and-wife team.) The use of slender concrete columns that skirt the storeys are further proof of that influence.

■ That the design for the Esplanade Film Centre in Berlin, the competition for which Hertzberger won in 1985, has such powers of conviction, is probably because of circumstances similar to those that would make such a success of the Aerdenhout school some years later. In this Berlin project a wartime ruin was to be incorporated, while the second round necessitated a completely new design to cope with changes in planning requirements. Such circumstances provided Hertzberger, who only really gets underway if there is intensive interaction with his clients, with the differences of opinion needed to arrive at a satisfying result. In the plan axes, circulation routes and space-forms fall into place like a jigsaw puzzle. Expressing the volumes towards the city seems – at least in the model – to adequately reveal the presence of the institutes to be housed there and moreover makes for a stimulating combination. The cylindrical shapes, first found in the interior of the Amsterdam Town Hall proposal, here take the form of expressive volumes facing outwards.

Other competition designs

■ In the late eighties Hertzberger made designs for several international competitions. The main ones are illustrated and documented in this book. In each he strove after a different way of avoiding the design procedures that had become his trademark. The urban design proposal for the seventy-hectare Pirelli site in Milan has a metropolitan approach lacking in his work up till then. It is stimulating indeed to see how not only the explanatory notes but also the accompanying drawings bring to light Hertzberger's attempts to combat any alienation of the individual amidst the grandness of scale. The means he uses to do so are diagonal avenues of trees and glazed pedestrian 'streets' alternating with the concrete row development. A somewhat ambivalent element is the contrasting group of individual towers on the semicircular site adjoining the taut main structure. In the perspective sketches these recall the still-lifes of Morandi. In the graphic perspectives, in which these towers rise above the taut development, the latter seems reduced by these 'bottles' to a miniature scale and thus deprived of any sense of great size. Hertzberger would, of course, respond to such notions by pointing out the conceptional character of this plan, intended as a broad indication only. This argument, however, could present problems, coming as it does from a consistent campaigner for 'inviting form'. It is not implausible that the jury reacted with slight distaste to the all too emphatic *italianità* of the towers.

■ Highly experimental by nature is the competition design for the Gemäldegalerie at the Berlin Kulturforum. In his accompanying text Hertzberger describes the museum literally as comprising a 'landscape' of 'avenue-shaped spaces'. More radically than any work before it priority is accorded the internal functions, which are woven into an

17
H. Hertzberger, 'Looking for the beach under the pavement', *RIBA Journal* 1971 no. 2 – idem, 'Huiswerk voor meer herbergzame vorm', *Forum* XXIV no. 3 (May 1973)

ingenious structure, in point of fact to the complete detriment of its overall effect as a 'building' in the urban landscape, to which end it has only a kind of frame enclosing the outer ends of the 'avenues'. At these visible extremities the landscape metaphor is sustained by a 'serpentine-wall' in glass block, while at the other end the avenues emerge in an internal court expressed as a 'landscape'. Thus the museum visitor is invited to wander at leisure through the collection as if in a garden. Moreover, should he wish to do so in chronological order, there is a circulation route with a terraced development. And as in a formally laid-out park he regularly has views through to left and right.

■ Hertzberger could resume searching for new paths in architecture within the framework of a limited competition for a project of unprecedented magnitude, the Bibliothèque de France. Based on Labrouste's Bibliothèque Ste-Geneviève and the Grand Palais, both admired by Hertzberger, but undoubtedly inspired also by other buildings on the Seine such as the Gare d'Orsay and Jean Nouvel's Institut du Monde Arabe, he chose a treatment in which both first-named types are so combined as to generate a whole series, so to speak, of Ste-Geneviève libraries (of like scale though varying in length) with free floor plans and raised on *pilotis* in a large glazed hall. At many places the static functions have been moved to the highest levels: the circle of office spaces rests on tall stilts and the glass roof is suspended from a great parabolic arch, as are the floors and glass fronts of the various departments from their uppermost concrete beams. This 'Grand Palais de Livres', as Hertzberger describes his design, in effect incorporates the traditional ingredients now familiar to us in his work, with a more dynamic handling, however, through the high suspension and great arch which in conjunction with the book transport corridors serve to accentuate the diagonal central space. In plan the various departments look like the small towers of Centraal Beheer laid flat. (So, too, do the head elevations in the large perspective drawing of the hall.) The departments are variously subdivisible. The storage spaces provide a circular contrast already present in the Amsterdam Town Hall design. In the ample folder of sketches for this design is an unexpected reproduction of a still-life by Morandi, with squat cylindrical pots. Their arrangement returns in the 'information huts' in the hall. It is a striking design, yet something is missing. What this is, however, is difficult to say: an explicit reference to the formal qualities of Labrouste's building, as Peter Buchanan suggests?[18] It could also be that it lacks a brazenness necessary to survival in the metropolis that is Paris.

Ministry of Social Welfare and Employment

■ All Hertzberger's work of recent years is in a sense outshone by a project that has occupied him since the beginning of the eighties and is complete at the time of writing, namely the Ministry of Social Welfare and Employment in The Hague. There is nothing in his output to match it in size and this ministry building will in all likelihood rank alongside Centraal Beheer as his magnum opus.

■ It bears a superficial resemblance to Centraal Beheer in that this colossus too is articulated in office 'islands', yet here these are on quite another scale and comprise activity spaces separable by doors. Each such island can house at least thirty office workers per level. We are also reminded at first of Centraal Beheer, of course, because it was the Apeldoorn insurance office that brought fame to Hertzberger and has left its fingerprints all over the Ministry building.

■ And yet it is more interesting to note the differences. In The Hague the overall organization – obvious though its pattern-like tissue may be – is monumental, in the traditional sense of symmetry and axiality. There is a main entrance recognizable as such, a central lobby with two parallel escalators rising from it and on the next level two more placed symmetrically rising to the left and right halves of the building, which meet at the uppermost storey via only a narrow walkway. The spaces housing the escalators are toplit by voids and have a festive-public air something like that of a Parisian department store. Their obvious function (vertical circulation) prevents these voids from acquiring the abstract-critical meaning accorded their cruciform counterparts in Centraal Beheer. This would in any case be less natural nowadays, as much in terms of the changing times (at the time of writing the interior of Centraal Beheer is abandoning the informal activity spaces of the early seventies in favour of a more chique approach) as in terms of function (the government needs an office type different to that required by a go-ahead company). Thus from outside it is clearly recognizable by all the typical Hertzberger touches as a government department building – lofty, symmetrical, almost bastionlike in the massive concrete ends of its towers, a mature and able counterbalance to the fine meshwork of the fenestration. Equally, the overall shape of each tower is coloured by the thoroughly effective stepped 'excision' of its volumes, ensuring deeper penetration by the light admitted to the outdoor areas between the towers. Most of the materials used retain their natural colour, as is customary in Hertzberger's work. Even the green of the glazed facade panels is a result of their surface treatment.

■ This building seems to be a summary of – or finale to – everything that Herman Hertzberger has elaborated in the last decades. Even the syntax of columns, beams and floors with all potential junctions is there, as are those references in the bays, made so often before, to Duiker's Open Air School. This magnificent building must surely mark the end of a development. In those same ten years during which he worked on this design Hertzberger was striking out along new and diverging paths. We are just going to have to wait patiently for the results.

Translation from the Dutch
John Kirkpatrick

18
P. Buchanan, 'Forum fellowship – Herman Hertzberger', *The Architectural Review* 1990 no. 2, 66

Projecten

Fabrieksuitbreiding LinMij 1962-1964

■ Dit naai-atelier werd gezet op het dak van het uit het begin van deze eeuw daterend fabriekscomplex van een linnenverhuurbedrijf. Het is te beschouwen als de eerste fase van een reeks uitbreidingen in de toekomst, die uiteindelijk het oude gebouw hadden moeten overwoekeren. Het is er tot op heden nooit van gekomen. De architect vindt zelf dat de opbouw als naai-atelier misschien wat te veel accent heeft gekregen. De ontworpen vormen laten namelijk op nogal uitgesproken wijze de verdere uitbreidbaarheid als programma tot uitdrukking komen. Op het moment van bouwen was niet te voorzien voor welke afdeling van het bedrijf verdere uitbreiding urgent zou worden. De investeringsmogelijkheden lieten slechts kleine uitbreidingen toe. Deze twee gegevens hebben ertoe geleid dat er een prefab-constructie werd ontworpen, die het mogelijk maakte om met verschillende combinaties een variëteit van grotere ruimtes samen te stellen. Een dergelijke bouweenheid zou dan moeten voldoen aan verschillende bedrijfseisen, zonder daarbij zelf te hoeven veranderen bij een wijziging van het programma. Een verder beginsel was dat het gebouw na iedere uitbreidingsfase weer een voltooid geheel zou zijn, onafhankelijk van een volgende bouwfase. Elke bouweenheid zou dus zozeer een eigen identiteit moeten hebben dat zij steeds zichzelf blijft en in staat is om aan het groter geheel identiteit te verschaffen. De onderdelen moeten autonoom zijn om meerdere rollen te kunnen vervullen. Dit naai-atelier is ontworpen met grote aandacht voor de mensen die er zouden gaan werken. De Van Nellefabriek in Rotterdam is daarbij ongetwijfeld een grote inspiratie geweest. Die fabriek was 'geheel ingesteld op een zo groot mogelijk uitzicht van degenen die er werken, niet alleen op de buitenwereld maar vooral ook op elkaar', aldus Hertzberger.

Molenwerf 2, Amsterdam Sloterdijk

Opdrachtgever

NV LinMij Amsterdam

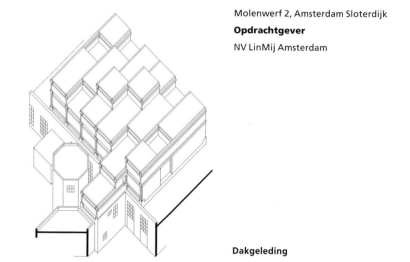

Dakgeleding

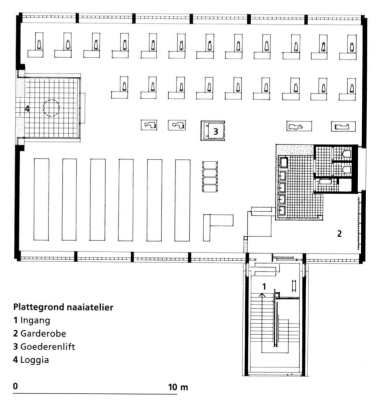

Plattegrond naaiatelier
1 Ingang
2 Garderobe
3 Goederenlift
4 Loggia

0   10 m

Studentenhuis 1959-1966

■ Nog tijdens zijn studie in Delft had Hertzberger, samen met zijn medestudent T. Hazewinkel, de prijsvraag voor dit studentenhuis gewonnen. De uiteindelijke opdracht omvatte andere uitgangspunten, zodat er een nieuw ontwerp (zonder Hazewinkel, die inmiddels in militaire dienst was gegaan) gemaakt moest worden. Het gebouw maakt deel uit van een grootschalige verkeersdoorbraak (IJ-tunneltraverse). Het is centraal gelegen tussen de beide universiteitscomplexen Roeterseiland en Oudemanhuispoort. Het openbare gebied dringt in de begane grond naar binnen en komt – via trappehuizen en liften – ter halve hoogte, in de galerijstraat, weer tevoorschijn. (Tegenwoordig is veel van dit openbare gebied afgesloten.) In de onderbouw werden vergaderruimten en het centrale kamerbureau voor de Algemene Studenten Vereniging Amsterdam (ASVA), een mensa, een boekhandel en een café met terras ondergebracht. De bovenbouw bevatte accomodatie voor 250 studenten in horizontale eenheden: twaalf grote wooneenheden van achttien eenpersoonskamers, drie kleine wooneenheden van zes eenpersoonskamers, een conciërgewoning en één eenheid van acht woningen voor gehuwde studenten. Laatstgenoemde liggen aan de galerijstraat, waar kinderen zonder gevaar kunnen spelen. Het is hier, waar de multi-interpretabele lage betonnen banken (met daaronder aangebrachte verlichting, die 's avonds de eraan gelegen woningen niet stoort) en aan de zuidzijde, in het verlengde, het openluchtterras zich bevinden. De wooneenheden hebben elk hun eigen huisnummer en brievenbus. Ze zijn te beschouwen als woonhuizen, gelegen aan het gemeenschappelijke trappehuis. Oorspronkelijk zochten bezoekers en leveranciers zelf hun weg in dit 'openbare' gebied. Ook de post werd door de postbode bezorgd aan de wooneenheid. De kamers komen uit op binnengangen, waarin als eilanden wasruimte, toiletten en berging liggen. Aan het einde van iedere wooneenheid is een gemeenschappelijke woonkamer. Hier kan worden gekookt en gegeten en is er plaats voor bijeenkomsten waarvoor de individuele kamers te klein zijn. De oorspronkelijke toestand is in de loop der tijd gewijzigd.

Weesperstraat 7-57, Amsterdam
Opdrachtgever
Stichting Studentenhuisvesting Amsterdam
Adviserend constructeur
ir. H.A. Dicke

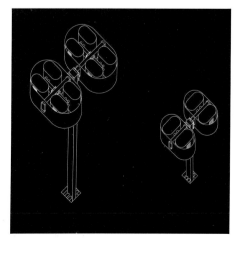

Lampen in de mensa

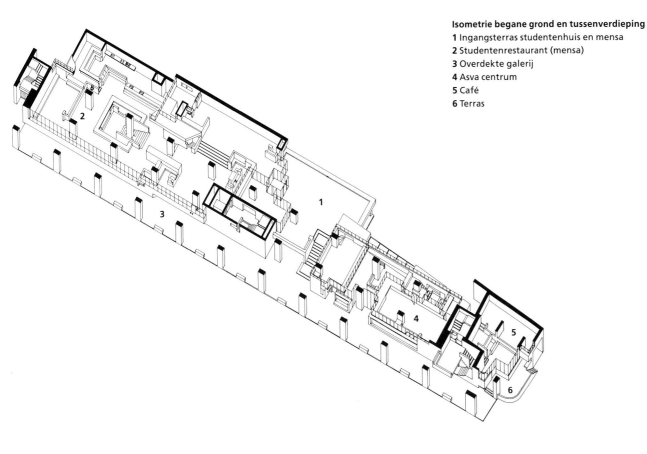

Isometrie begane grond en tussenverdieping
1 Ingangsterras studentenhuis en mensa
2 Studentenrestaurant (mensa)
3 Overdekte galerij
4 Asva centrum
5 Café
6 Terras

Plattegrond vierde verdieping
1 Centraal trappehuis
2 Overdekte galerij
3 Zandbak
4 Gemeenschappelijke ruimte
5 Beheerderswoning
6 Tweepersoonswoning
7 Logeerruimte

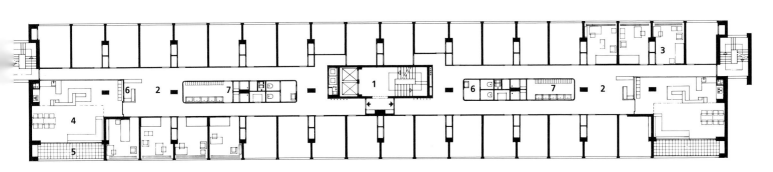

Plattegrond verdieping 1-3 en 5-7
1 Centraal trappehuis
2 Hal
3 Studentenkamer
4 Gemeenschappelijke ruimte
5 Loggia
6 Telefoon
7 Wasruimte

0 5 m

Lagere Montessorischool 1960-1966, 1968, 1970, 1981

■ Deze school is, zoveel als binnen het kader van de stringente beperkingen voor lager onderwijs-scholen maar mogelijk was, aangepast aan de bijzondere eisen die door het Montessori-onderwijs gesteld worden. Er is getracht om speciale plaatsruimte te scheppen voor die activiteiten die in het Montessori-onderwijs vooral gestimuleerd worden. Inherent hieraan is dat verschillende activiteiten gelijktijdig plaats vinden. Door de L-vorm van de lokalen wordt niet ieder kind als het ware gedwongen om de bezigheden van alle anderen in één oogopslag te overzien. De oorspronkelijke opzet bestond uit vier van dergelijke L-vormige lokalen. In de plattegrond zijn drie hiervan trapsgewijze gerangschikt langs een hal, die aan de binnenhoeken van de L-vormen van boven verlicht wordt en waaraan zich, tegenover de genoemde drie, het vierde lokaal bevindt (ontwerp 1960). Bij de uitbreiding (1966) kwam er nog een vijfde lokaal bij. In 1968, 1970 en 1981 hebben er – telkens weer tot een nieuwe eenheid leidende – uitbreidingen plaatsgevonden. De school bestaat nu uit elf lokalen en een lerarenkamer. Voor Hertzberger typerende kenmerken zijn de ingang, het 'podiumblok' en de zandbakken. De ingang bestaat niet alleen uit een deur, die alleen maar bij het in- en uitgaan van de school dus een paar minuten per dag gebruikt wordt, maar ook uit een soort portiek, waar kinderen voor schooltijd door het gebouw kunnen worden opgevangen of na schooltijd nog op elkaar kunnen wachten. In het middelpunt van de hal is er het gemetselde 'podiumblok', dat gebruikt wordt voor formele bijeenkomsten ofwel spontane uitingen. Het is aanhechtingspunt voor allerlei dagelijkse dingen en is met behulp van erin opgeborgen houten elementen naar verkiezing in alle richtingen uit te bouwen tot een echt toneel. De zandbakken, opgemetseld uit holle betonstenen, zijn te beschouwen als een halfprodukt dat door de kinderen telkens weer wordt ingevuld.

Jacoba van Beierenlaan 120, Delft
Opdrachtgever
Bestuur van de Delftse Vereniging voor Montessori Onderwijs

Bouwfasen
1 1960 4-klassige lagere school
2 1966 5-klassige lagere school
3 1968 6-klassige lagere school
4 1970 Toevoeging kleuterschool
5 1981 Uitbreiding kleuterschool met drie lokalen en speellokaal

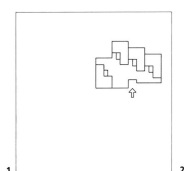 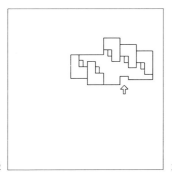 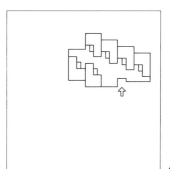 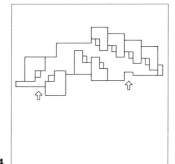 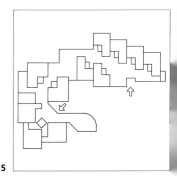

1 2 3 4 5

Prijsvraagontwerp Stadhuis 1967

■ In zijn toelichting bij dit ontwerp verklaarde Hertzberger: 'In een demokratie worden de bestuurders gekozen door de bestuurden, uit hun midden. Zij zijn dus bestuurders bij de gratie van de bestuurden. Men komt in het stadhuis niet alleen een dienst vragen, maar evenzeer wordt men bediend. In deze zin moet het stadhuis in essentie anti-monumentaal zijn. Daarom probeert het gebouw zich niet van de stad los te maken maar zich in tegendeel [...] zoveel mogelijk in de stad te voegen. Het is opgebouwd uit bouwstenen, die principieel even groot zijn als de elementen waaruit de stad is opgebouwd, of zelfs nog kleinere. Voor de vanoudsher gevestigde markt is gelegenheid geboden. Het alledaagse ervan kan het karakter van stadhuis alleen maar versterken doordat het stedelijkheid bijdraagt [...]. Dwars door het gebouw loopt een stelsel van wegen en parkeervoorzieningen voor rijdend verkeer. Op het daarboven gelegen niveau lopen eveneens, door het gebouw heen, openbare straten uitsluitend voor voetgangers. Het centrale trappehuis bevindt zich juist daar, waar weg en straten elkaar kruisen: enige openbare hoofdingang voor het hele gebouw. Je komt per metro, auto, fiets, lopend of per helikopter binnen in de centrale hal, van waaruit je door de portier wordt gewezen via het centrale trappehuis naar de verschillende windstreken; je behoeft het gebouw niet meer uit. In iedere windstreek bevindt zich nog een trappehuis voor ambtenaren en voor hen die ook reeds de weg weten. De openbare straat wordt in het centrum van het gebouw een overdekt plein; het hart van het gebouw waar restaurant en andere stedelijke voorzieningen gevestigd zijn. Het ontvangstzalenkomplex is te interpreteren als auditorium en theater, kortom als kultureel centrum (voor ca. 500 personen) waar bestuurders en bestuurden elkaar wederkerig kunnen ontvangen'. Dit laatste klinkt bijna profetisch, gezien de uiteindelijke komst van de Stopera.

Waterlooplein, Amsterdam
Uitschrijfster prijsvraag
Gemeente Amsterdam

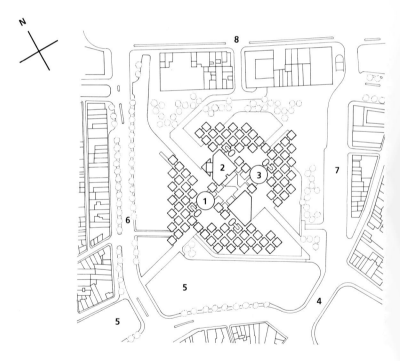

Situatie
1 Raadszaal
2 Schouwburgzaal/auditorium
3 Commissievergaderzalen/B&W
4 Blauwbrug
5 Amstel
6 Zwanenburgwal
7 Waterlooplein
8 Jodenbreestraat

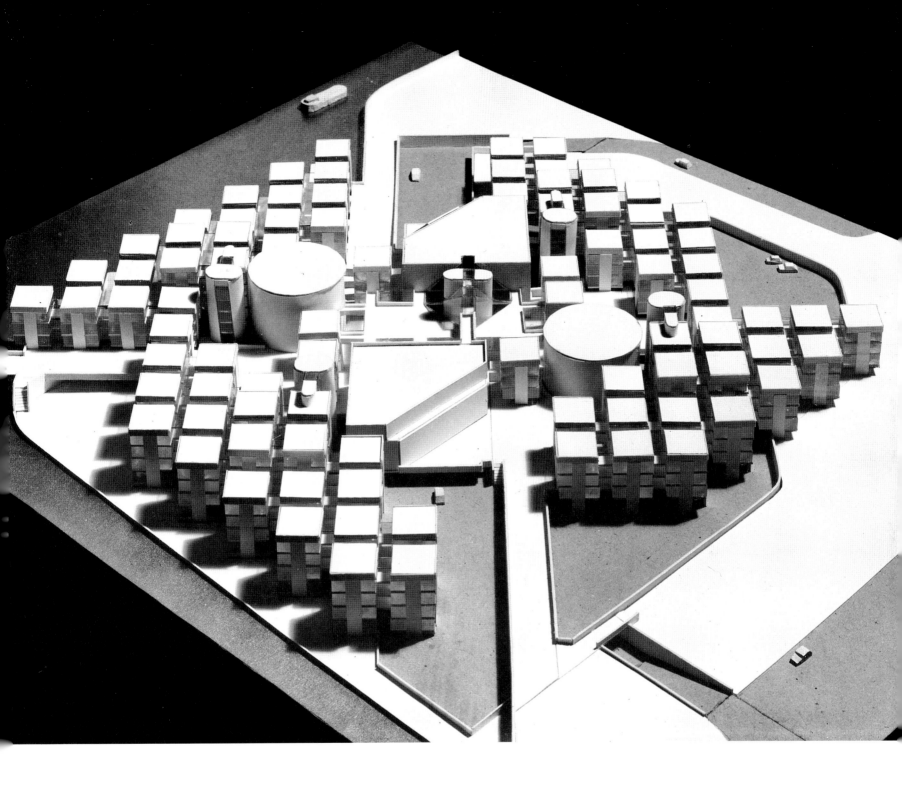

Kantoorgebouw Centraal Beheer 1968-1972

■ De directie van Centraal Beheer, die de hoofdzetel van Amsterdam naar Apeldoorn wilde overplaatsen, kon geen type kantoorgebouw vinden dat haar aansprak. Zij heeft toen aan een organisatiebureau een lijstje van innoverende jonge architecten en een lijstje van gevestigde bureaus gevraagd. Uit het eerste kwam Hertzberger uit de bus, die uit het andere lijstje Lucas & Niemeijer als bureau koos, dat bij deze grote opdracht voor een kantoor voor duizend mensen zijn ervaring moest inbrengen. (Architect Ellerman werd door dit bureau afgevaardigd voor dit project.) Het prijsvraagontwerp voor het Amsterdamse Stadhuis was al gemaakt, toen de opdracht werd gegeven. Overeenkomstig de opzet daarvan werd gekozen voor een cellenstructuur die in vier kwadranten werd geordend. Stedebouwkundig was van belang dat er ter plaatse een nieuw spoorwegstation zou worden gebouwd en dat in verband daarmee een passage met winkels door het complex zou lopen. Het station is er uiteindelijk niet gekomen. De plattegrond bestaat uit clusters van vierkante kantooreilanden die van elkaar gescheiden worden door van boven verlichte vides, door alle verdiepingen heen. De eilanden worden met elkaar verbonden door bruggen die, in elkaars verlengde liggend, de circulatieroutes door de clusters vormen. De cellen zijn op variabele wijze voor allerlei functies in te richten, kunnen in het openbare gebied aaneengevoegd zijn en dienen daarmee een grote flexibiliteit die bij alle veranderingen – tot en met de grote interne opknapbeurt die thans aan de gang is – de duurzame kracht van dit concept bewijst. De afwerking is oorspronkelijk minimaal gelaten (ruw beton en B2-blokken), om ruimte te laten voor spontane 'toeëigening' door de gebruikers. De recente interne wijzigingen zijn gericht op meer representativiteit.

Prins Willem Alexanderlaan 651, Apeldoorn
Opdrachtgever
Coöperatieve Vereniging Centraal Beheer UA
In samenwerking met
architectenbureau Lucas & Niemeijer

Plattegrond vierde verdieping
1 Liften
2 Garderobe
3 Koffiebuffet
4 Receptie
5 Werkplek
6 Technische toren
7 Dakterras

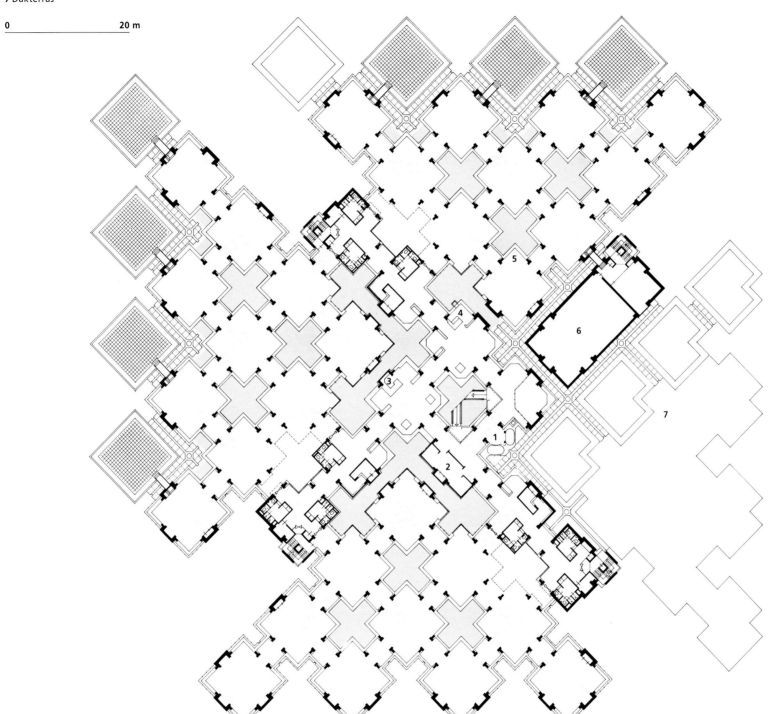

Uitbreiding Centraal Beheer 1990

■ Ondanks een eerdere capaciteitsvergroting van Centraal Beheer door de incorporatie (1974) van het ernaast gelegen gebouw van Pakhoed (architectenbureau H. Kaman, 1973, sindsdien CB II genoemd) vereist de toename van het aantal bezoekers wederom een uitbreiding. Door middel van een loopbrug werden het oorspronkelijke Centraal Beheer (CB I) en CB II met elkaar verbonden, maar het door samenvoeging ontstaan van meerdere ingangen resulteerde in een weinig overzichtelijk complex. Om eenheid te scheppen is gekozen voor nieuwbouw (CB III) tussen beide bestaande gebouwen, waarin zich de hoofdingang bevindt en alle op de buitenwereld gerichte activiteiten geaccomodeerd worden. Tevens wordt de parkeercapaciteit uitgebreid. Door toevoeging van vergader- en lunchruimtes en een conferentiezaal kunnen CB I en CB II weer hun eigenlijke kantoorfunctie terug krijgen. Zoals CB I een afspiegeling van de organisatie in de jaren zeventig is, met de nadruk op de werkplek, zo vraagt het programma voor de jaren negentig om meer representativiteit en meer nadruk op de afwerking van de materialen. CB III krijgt een spilfunctie tussen de twee eerdere gebouwen. De oostzijde wordt tegen CB II aangebouwd (de gevel van Pakhoed wordt opengewerkt) en de westzijde wordt met een externe loopbrug verbonden met CB I. In drie atriums komen verschillende routes bij elkaar. Het volume van de nieuwbouw is te typeren als een vrijstaande 'boekenkast' (drie lagen) in een glazen doos. Op de begane grond betreedt men de duidelijk als zodanig gearticuleerde hoofdingang met ontvangstbalie, die qua vorm verwant is aan de reeds gerealiseerde entree van het Ministerie van Sociale Zaken en Werkgelegenheid. De roltrap brengt de bezoekers naar het atrium op de eerste laag, waarvandaan zij doorverwezen worden naar een van de afdelingen. Bij de derde laag is het mogelijk om net als aan het dek van een schip om de kamers heen te lopen. Van hieraf wordt uitzicht geboden op de werkplekken in de andere twee gebouwen.

Prins Willem Alexanderlaan 651, Apeldoorn
Opdrachtgever
Centraal Beheer
In samenwerking met
Salomonson Egberts Bartijn
Architectenassociatie

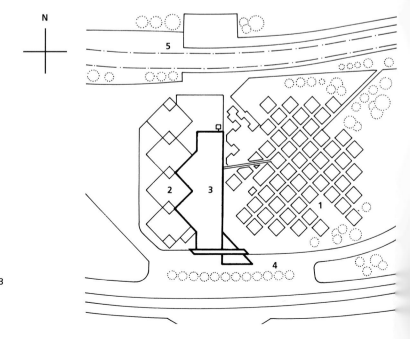

Situatie
1 CB I 1968-72
2 CB II (voormalig Pakhoed) 1973
3 CB III ontwerpfase 1990
4 Prins Willem-Alexanderlaan
5 Spoor NS

Muziekcentrum Vredenburg 1973-1978

■ De voorgeschiedenis van het Muziekcentrum is turbulent geweest en heeft belangrijke politieke en stedebouwkundige consequenties gehad. Het gebouw moest namelijk worden gesitueerd op de grens tussen de grootschalige bouw van het winkelcentrum Hoog Catharijne en de oude kern van Utrecht en werd daarmee tot inzet bij de strijd om de stad. Bij een voor-ontwerp uit 1969 had Hertzberger aanvankelijk de opdracht verspeeld omdat hij zich daarbij verzette tegen de doorbraak van een verkeersader, die het marktplein-karakter van het Vredenburg zou hebben gefrustreerd. Enkele jaren later ging de Gemeenteraad 'om' en kreeg Hertzberger alsnog de opdracht. Wat daarna is gevolgd is – net als bij Centraal Beheer – een *success story* geworden. Het Muziekcentrum is het levendigste instituut van deze soort in Nederland, in gebruik voor een ongewoon breed scala van uitingen dat telkens weer andere publieken uit het hele land trekt, mede veroorzaakt door zijn goede bereikbaarheid. Het past zich goed aan bij al deze soorten publiek. Het is dan ook bedoeld als een zo toegankelijk mogelijk gebouw, ook voor mensen die nauwelijks of geen muzikale opvoeding hebben gehad. Er is gestreefd naar anti-monumentaliteit, met een zo laag mogelijke drempel en gevarieerde gebruiksmogelijkheden. Via openbare passages met winkels, enkele kantoren, restaurants en een informatiecentrum, dringt het openbare gebied van de stad het complex binnen. Deze passages staan in verbinding met de overdekte straten van het winkelcentrum, maar in tegenstelling daarmee zijn ze hoger dan breed. Ze zijn van boven verlicht en hebben daardoor echt het karakter van openbare passages. De muziekzalen worden omgeven door foyers met een grote variëteit aan 'plekken'. De artiestenfoyer, beneden, is daarmee geheel gelijkwaardig van uitvoering. De grote zaal heeft, met haar tegen het midden aanliggende podium, een goede akoestiek en is ontworpen met het oog op een goede zichtbaarheid van de uitvoerenden. De kleurbepaling van de stoelbekleding en de wandversieringen door Joost van Roojen vormen een overtuigend samengaan van zelfstandige uitdrukking en ondergeschiktheid aan het gebouw.

Vredenburgpassage 77, Utrecht
Opdrachtgever
Gemeente Utrecht

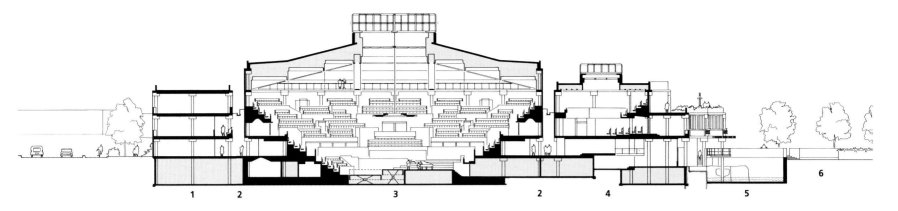

Doorsnede
1 Winkels
2 Winkelpassage
3 Grote Zaal
4 Kleine Zaal
5 Resten bastion slot Vredenburg
6 Vredenburg plein

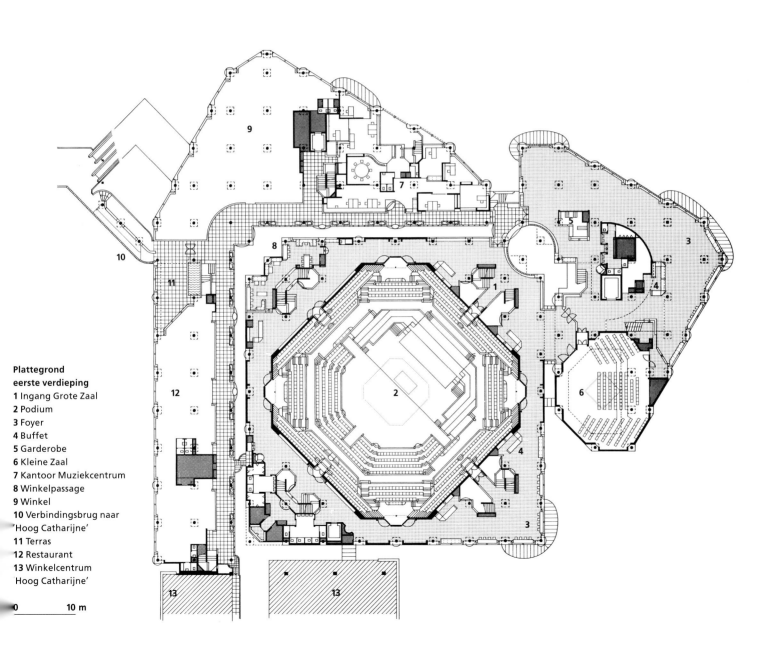

Plattegrond eerste verdieping
1 Ingang Grote Zaal
2 Podium
3 Foyer
4 Buffet
5 Garderobe
6 Kleine Zaal
7 Kantoor Muziekcentrum
8 Winkelpassage
9 Winkel
10 Verbindingsbrug naar 'Hoog Catharijne'
11 Terras
12 Restaurant
13 Winkelcentrum 'Hoog Catharijne'

Apolloscholen 1980-1983

■ Deze beide scholen zijn in combinatie in opdracht gegeven en zijn in principe volgens dezelfde overheidsregels gefinancierd. Ze zijn gelegen in een villabuurt in het Plan Amsterdam-Zuid van Berlage. Ze zijn als tweeling ontworpen en hebben daarmee een overeenkomstige hoofdopzet, zij het met assen welker verlengden haaks op elkaar staan, en met secundaire verschillen. Bij beide scholen is sprake van villa-achtige plattegronden met een van boven verlichte centrale hal waarin zich een trap bevindt waarop theatervoorstellingen en andere bijeenkomsten kunnen plaatsvinden, zonder dat er met stoelen hoeft te worden gesleept. Aan beide zijden hiervan bevinden zich de lokalen, die twee aan twee volgens een split-level principe ten opzichte van elkaar zijn gesitueerd. Op de hoogste verdieping zijn dit openluchtklassen. De hal is in beide scholen weliswaar groot genoeg om alle leerlingen en leraren te bevatten, maar ook weer niet te groot voor gebruik door kleine aantallen personen. De treden van het amfitheater hebben de juiste afmetingen voor kleinere activiteiten. In de lokalen zijn keukennissen met bijbehorende werkbladen. Samen vormen deze een vrijstaand element. In de Montessorischool zijn deze keukenblokken diagonaal tegenover de ingang van de lokalen gesitueerd, waardoor een dynamischer ruimte-indeling wordt gestimuleerd. In de Willemsparkschool staan ze aan de kant, waardoor een klassieke klasse-indeling mogelijk blijft. De buitentrappen van beide scholen bestaan uit een betonnen kern en een vrijer vormgegeven stalen toevoeging. Daarmee wordt een indruk van zwaarte vermeden. De trappen geven toegang tot de lagere school en vormen tegelijk een bordes, waaronder beschutting geboden wordt aan de ingang van de kleuterschool op de begane grond. De klasse-ingangen zijn voorzien van werknissen. In de Montessorischool zijn ook uitstalkasten, waarin de creaties van de klassen kunnen worden getoond. De lokalen zelf hebben halve deuren, waarmee onderling de communicatie in gradaties kan worden geregeld.

Willem Witsenstraat 12 en 14, Amsterdam
Opdrachtgevers
Willemsparkschool:
Bestuur Schoolvereniging Willemspark
Montessorischool:
Bestuur Amsterdamse Montessorischool

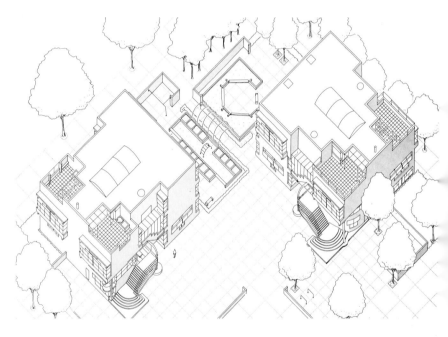

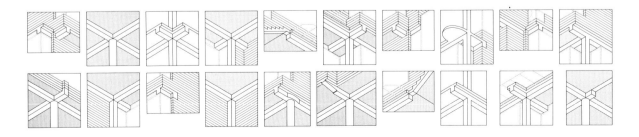

Links Montessorischool
Rechts Willemsparkschool

Ontmoetingen balken en kolommen

Plattegronden
Links Willemsparkschool
Rechts Montessorischool
1 Ingang
2 Hal kleuters
3 Centrale hal
4 Garderobe
5 Klaslokaal
6 Keukenblok
7 Speellokaal
8 Handvaardigheidslokaal
9 Bibliotheekhoek
10 Lerarenkamer/'balkon'
11 Vide
12 Terras

0   10 m

a Begane grond
b Tussenverdieping 0-1
c Eerste verdieping
d Tussenverdieping 1-2
e Tweede verdieping
f Tussenverdieping 2-dak

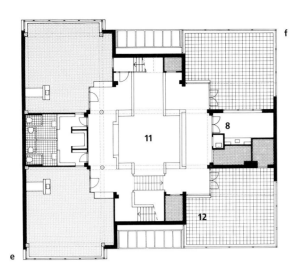
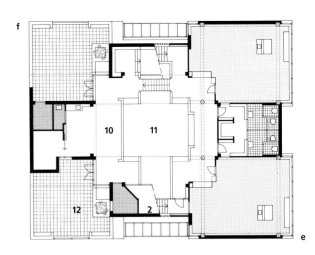
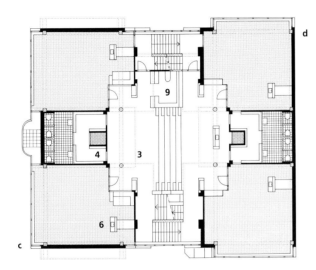
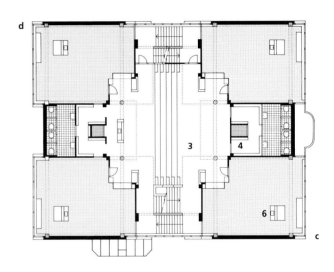
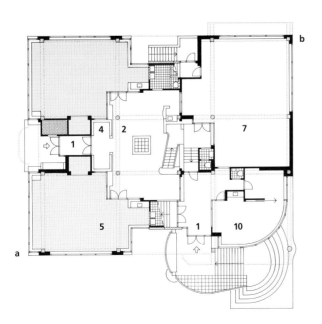
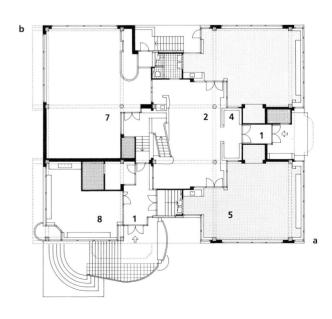

Bejaardentehuis De Overloop 1980-1984

■ De situering van dit bejaardentehuis was gecompliceerd omdat het in de ontwerpfase naar de andere kant van een weg verplaatst moest worden in verband met de aangekondigde vestiging van een winkelcentrum met parkeergarage. Het leek ongewenst de toekomstige bewoners, die dikwijls slecht ter been zijn, onnodig grote afstanden naar het winkelcentrum (dat er achteraf niet is gekomen; de parkeergarage overigens wél) te laten afleggen. Het gebouw ligt aldus ingeklemd tussen de parkeergarage, een school en een verhoogde weg, die naar de nabijgelegen dijk langs het Gooimeer leidt. Door deze benarde situatie was het niet helemaal mogelijk om een 'zelfstandig' gebouw te ontwerpen. Het complex vormt een binnenhof die als beschut miniatuurpark met visvijver voor het tehuis fungeert, maar die ook is opgenomen in een openbare looproute. Het hoofdgebouw bevat 84 eenpersoons- en acht tweepersoonsappartementen. Aan de oostzijde ligt een U-vormige, lagere vleugel met achttien 'aanleunwoningen', elk voor twee personen. In het hoofdgebouw komen alle gangen uit op de centrale hal. De trappen zijn hier per verdieping telkens anders gesitueerd, dit alles met het oog op een zo individueel mogelijke indeling die de herkenbaarheid van de woonvleugels moet ondersteunen. (Aan het einde van deze vleugels zijn er wel de gebruikelijke kokervormige trappehuizen.) De hoofdtrappen zijn ook met het oog op een zo goed mogelijke visuele communicatie met de centrale hal gesitueerd. Hiertoe draagt ook de beglazing van zowel de kabines als schachten van de daar aanwezige liften bij. Op de bovenste verdieping van het hoofdgebouw bevindt zich een zaal voor alle bijeenkomsten. Van hieruit is er een prachtig uitzicht over het water en het Gooi. Terzijde bevindt zich hier ook het door een halfcilindrisch gesloten muur omgeven mortuarium met daklicht: een waardige, eigenlijk symbolische situering voor een ruimte die zich in andere gevallen meestal op een onwaardige plek bevindt.

Boogstraat 1, Almere-Haven
Opdrachtgever
Nederlandse Centrale voor Huisvesting van Bejaarden

Situatie en begane grond
1 Entree
2 Centrale ruimte
3 Eenpersoonswooneenheid
4 Vijver
5 Pergola
6 Tweepersoonsappartement: aanleunwoning
7 Veluwemeerdijk

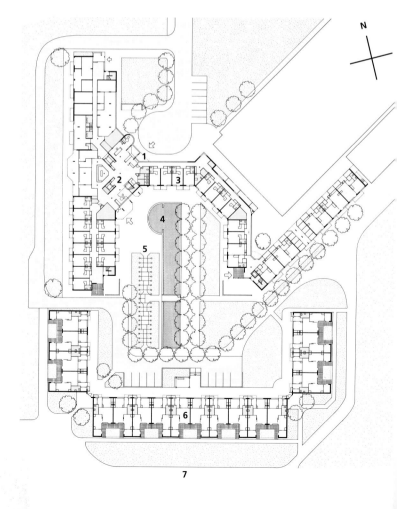

Woningencomplex LiMa 1982-1986

■ Dit woningencomplex is gerealiseerd in het kader van de Internationale Bauausstellung (IBA). Het echtpaar Baller, in combinatie met wie Hertzberger al eerder woningen voor de Dokumenta Urbana in Kassel had gebouwd, trad op als plaatselijk toezichthoudende architecten. Het complex is gesitueerd op een driehoekig terrein dat wordt omgrensd door de Markgrafenstrasse, de Lindenstrasse en bestaande woningbouw. Op de punt, waar beide straten samenkomen, stond reeds een kerk die zich niets aantrekt van de rooilijnen en de stedebouwkundige context. Hieraan ontleende Hertzberger de vrijheid om deze kerk te negeren en tegen de bestaande bebouwing een D-vormige aanleg te ontwerpen, waarvan de rechte zijde op die bebouwing aansluit. Aldus ontstond een halfronde binnenplaats, omringd door drie woonlagen met souterrains, doorbroken door wandeldoorgangen met daarboven publieke trappehuizen die ook naar buiten toe op zichtbare wijze het openbare gebied het bouwblok laten doordringen. Hertzberger wilde hiermee afwijken van de traditionele sombere Berlijnse binnenhoven. Ter plaatse van de trappehuizen zijn de (privé-)balkons van de woningen aangebracht. Hier is sprake van een merkwaardige presentie van de Nederlandse architectuur in een vreemde grote stad: wit gepleisterde muren en een citaat naar Duikers Zonnestraal (de traptoren links achter boven) in combinatie met typisch Hertzbergeriaanse trekjes (hier en daar ook wel beïnvloed door de Ballers), zoals de glazen bouwstenen, de trapleuningen, de schervendecoratie in de rand van de zandbak (door de bewoners onder leiding van Akelei Hertzberger gemaakt) en de vormgeving van de houten kozijnen. Op de begane grond bevindt zich ook nog een kleuterklas. De hoofdopzet was te tonen dat het mogelijk is om aan een binnenhof aangename woningen te bouwen die niet het sombere karakter hebben van de traditionele Berlijnse woonkazerne en dus in alle jaargetijden zonlicht ontvangen. Deze opzet lijkt hier geslaagd te zijn.

Lindenstrasse 82-84/Markgrafenstrasse 5-8, Berlijn
Opdrachtgever
Berliner Eigenheimbau G.m.b.H.
Medewerkende architecten
Hinrich en Inken Baller

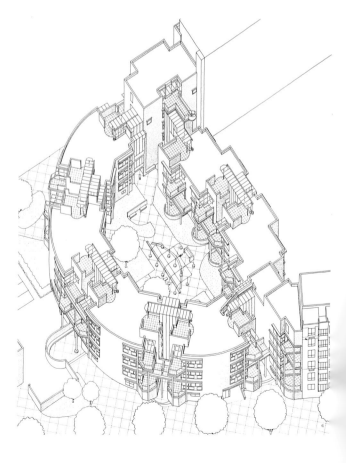

Openbare Basisschool De Evenaar 1984-1986

■ Deze school kwam in de plaats van een oud gebouw in Amsterdamse School-stijl dat er nog staat, om de hoek van het plein. Daarin was sprake van wat Hertzberger een 'lokalentrein' noemt, langs een lange gang. Die dispositie had altijd geleid tot ruw gedrag. Kinderen duwden elkaar van de trap af. De jassen hingen troosteloos in een oneindige rij langs de lokalen. Hier echter blijkt het gedrag van de scholieren anders te zijn. In de van boven verlichte hal is sprake van een ontmoetingsmogelijkheid die zo'n lange corridor niet biedt. Kinderen duwen elkaar hier niet van de trap af. De jassen kunnen worden opgehangen in nissen tegenover of naast de lokalen. De leerkrachten hebben bovenin de hal hun gemeenschappelijke ruimte op een balkon, van waaruit zij een overzicht over de grote middenruimte hebben, waarin geluiden weerklinken als in de hal van een woonhuis. Dit woonhuis-karakter deelt dit gebouw met de Apolloscholen, waarop het een variant is. De symmetrie van hun plattegronden is hier langs een middenas verschoven. Het split-levelmotief is hier niet van de Apolloscholen overgenomen. De daarmee gemiste dynamiek wordt in de 'wenteling' van de plattegrond gecompenseerd. Dit motief vindt op kleiner schaal zijn echo in het asymmetrisch verloop van de buitentrap. Tussen lokalen zijn schuifdeuren geplaatst, die samenvoeging van ruimtes mogelijk maken. Met grote hardnekkigheid zijn allerlei extra's voor de afwerking van het interieur, zoals standaardkastjes bij de fonteintjes, bevochten. Daarmee is het in deze volksbuurt een uiterst herbergzaam gebouw geworden waar de leraren tevreden over zijn. Het is nu vijf jaar oud. Zoals de meeste gebouwen van Hertzberger draagt het interieur uitstekend de sporen van gebruik. De buitentrap biedt op subtiele wijze zitgelegenheid en is een waardige 'handreiking' naar het nagenoeg vierkant plein, waar het schoolgebouw vrij in het midden staat. De uiterst verantwoorde samenstelling van de buitenmuren, die zich voordoen als gecompliceerd verweven schermen, is volgens de architect te beschouwen als een nu 'afgesloten hoofdstuk' in zijn oeuvre.

Ambonplein 59, Amsterdam
Opdrachtgever
Gemeente Amsterdam, Afdeling Onderwijs

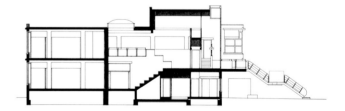

Doorsnede

Plattegrond begane grond
1 Ingang kleuterschool
2 Garderobe
3 Centrale hal
4 Speellokaal
5 Handvaardigheidslokaal
6 Klaslokaal
7 Keukenblok
8 Zandbakken
9 Buitenspeelplaats

0   10 m

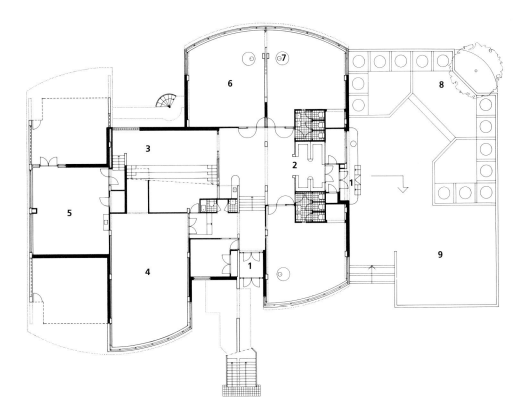

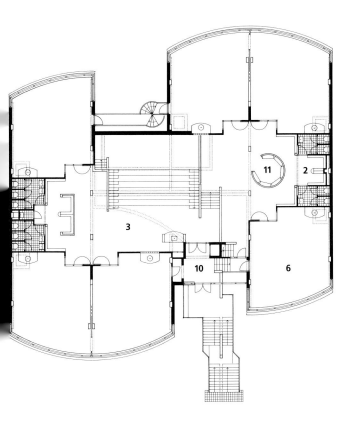

Plattegrond eerste verdieping
10 Ingang lagere school
11 Bibliotheekhoek

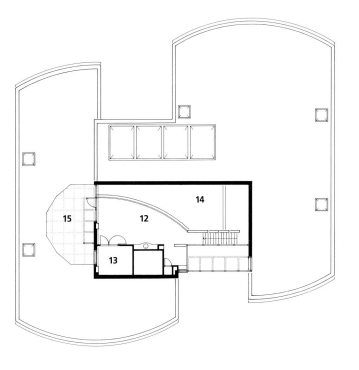

Plattegrond dakopbouw
12 Leraren 'balkon'
13 Kamer schoolhoofd
14 Vide centrale hal
15 Dakterras

Stedebouwkundig ontwerp Bicocca-Pirelli 1986

■ Voor de herinrichting van een veertig hectare groot terrein van de Pirellifabrieken werd op initiatief van Pirelli een internationale prijsvraag uitgeschreven onder een twintigtal genodigde architecten. De resultaten werden tentoongesteld op de Triennale van Milaan in 1986, dat als thema 'Il luogo del lavoro' (de werkplek) had. Het ging erom een stedebouwkundig beeld te krijgen van een stadsgebied met gemengde functies, maar waarin onderzoek naar innovatieve technologie een dominerende factor zou moeten worden. Iets van de geschiedenis van de plek, waar zoveel duizenden gedurende vele jaren hun arbeid in de rubberindustrie hebben geleverd, moest in de ontwerpen tot uitdrukking komen. Onder andere moest de grote koeltoren blijven staan. Praktisch ingesteld als hij is, wil Hertzberger eigenlijk liever pas met een vorm komen nadat er uitvoerig is heen- en weergepraat met de opdrachtgever. 'Zoals bij elk over langere termijn te realiseren plan dat niet in eens gebouwd wordt', zo schrijft hij in zijn toelichting, 'gaat het hier niet om een bebouwingsplan met een uitgesproken gedefinieerde vorm, maar om een suggestie van *richtlijnen voor een mogelijke ontwikkeling*. Het is mogelijk, een beeld te vormen van een concreet eindresultaat, maar je weet zeker dat het nooit zo zal worden'. Het terrein is in drie parallelle zones verdeeld: langs de spoorlijn een intensieve bebouwing in bouwstroken van maximaal vier verdiepingen, daarachter een acht verdiepingen hoge bouwstrook als ruggegraat over de gehele lengte van het terrein en tenslotte een open gebied voor (kantoor)torens en de te handhaven elementen. Gezien de gemengdheid van functies zijn de gebouwtypen niet voor één soort bestemming ontworpen. De stroken zijn geschikt voor zowel kantoren als laboratoria. Tussen de stroken kunnen met spanten en glasdaken bedrijfshallen op de begane grond worden gemaakt. Voor de realisering van de torens is vrijheid van expressie aan de diverse ondernemingen gelaten.

Bicocca-terrein, Milaan
Uitschrijfster prijsvraag
Industrie Pirelli S.p.A., Milaan

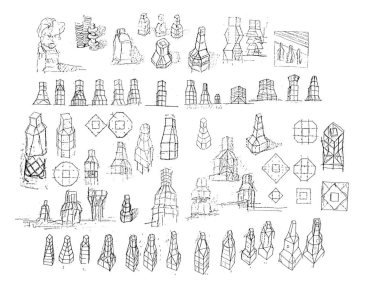

Axonometrie theoretische eindfase

Gemäldegalerie 1986

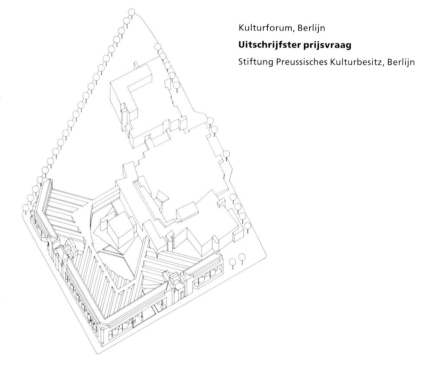

Kulturforum, Berlijn
Uitschrijfster prijsvraag
Stiftung Preussisches Kulturbesitz, Berlijn

■ Dit is een ontwerp voor de prijsvraag voor de schilderijenafdeling van het deels bestaande en deels te bouwen museumcomplex, gelegen aan het Kulturforum. De schilderijenverzameling, die zich nu nog in Berlijn-Dahlem bevindt, zal hier worden overgebracht. Het museum bestaat uit een 'landschap' van door parallel lopende wanden gescheiden laanvormige ruimten. De 'museumlanen' lopen terrasvormig op, met steeds vijftig centimeter ten opzichte van elkaar verspringende vloereenheden die met elkaar verbonden zijn door treden en hellingen. De hoofdontsluitingsweg vormt als het ware een doorsnede door het gehele museumlandschap, zodat op het eerste gezicht al een globaal overzicht van de hele collectie kan worden verkregen. Wanneer men steeds de lanen volgt, laat de collectie zich chronologisch bezichtigen. Wanneer men zich daarentegen zijwaarts door de hoge verticale wandopeningen begeeft, komt men in de ernaast gelegen ruimte en kan er een opeenvolging van momentopnames uit verschillende tijdvakken worden doorlopen; men doorsnijdt dan als het ware de tijd. De ruimtelijke eenheid van het geheel wordt gevormd door de doorzichtmogelijkheid in verschillende richtingen, zoals die gecreëerd wordt door de volgens een systematisch raster gerangschikte wanddoorbrekingen. Er is aldus gestreefd naar een evenwicht van afgescheidenheid en gebondenheid van de verschillende ruimte-eenheden, als voornaamste karakteristiek van dit plan. De hoofdwanden hebben een dikte van 120 centimeter en bieden ruimte voor diepe nissen, waarin schilderijen die meer intimiteit wenselijk maken ondergebracht kunnen worden. Alle zalen hebben bovenlicht, dat echter overal getemperd wordt en nergens direct invalt. Via dezelfde weg komt ook het kunstlicht binnen, zo nodig vermengd met daglicht. Tussen de lichtstroken bevinden zich de service-tunnels, die hoog genoeg zijn om er rechtop in te lopen en die met het bestaande gebouw en de depots een gesloten circuit vormen. Hertzberger heeft zich bij dit ontwerp geïnspireerd op de lange *galeries* van het Louvre.

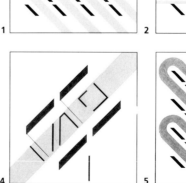

Schema's
1 Uitzicht in de lengterichting van de museumlanen
2 Uitzicht via de wandopeningen
3 Idem, doch haaks op de hoofdroute
4 Onderverdeling van expositieruimten
5 Chronologische rondgang
6 Terrasvormige vloeropbouw

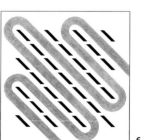
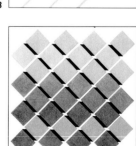

Plattegrond eerste verdieping
1 Tentoonstellingsruimte
2 Vide
3 Galerij
4 Restaurant
5 Lift
6 Hellingbaan
7 Binnentuin
8 Bestaande bebouwing

0   25 m

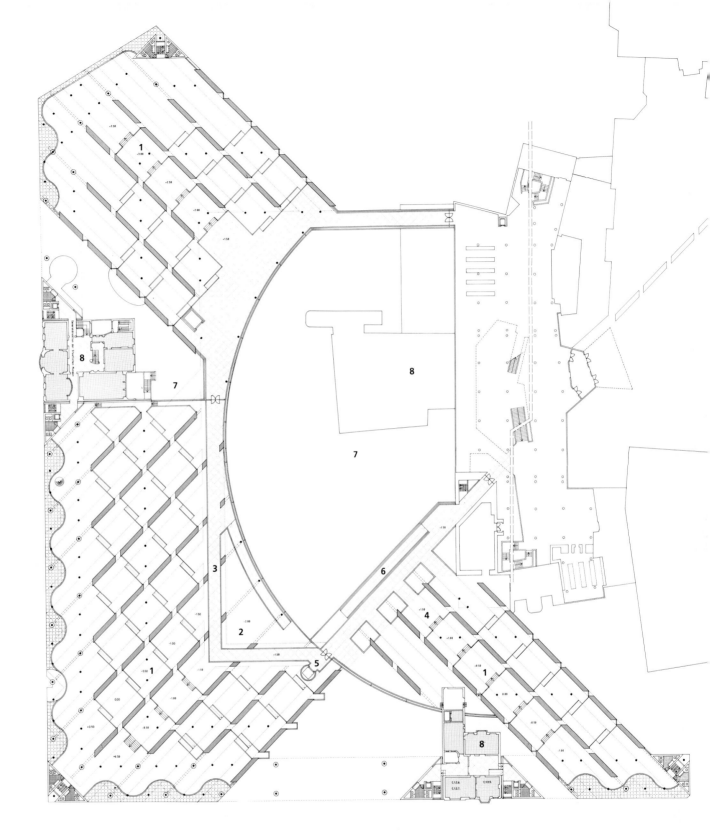

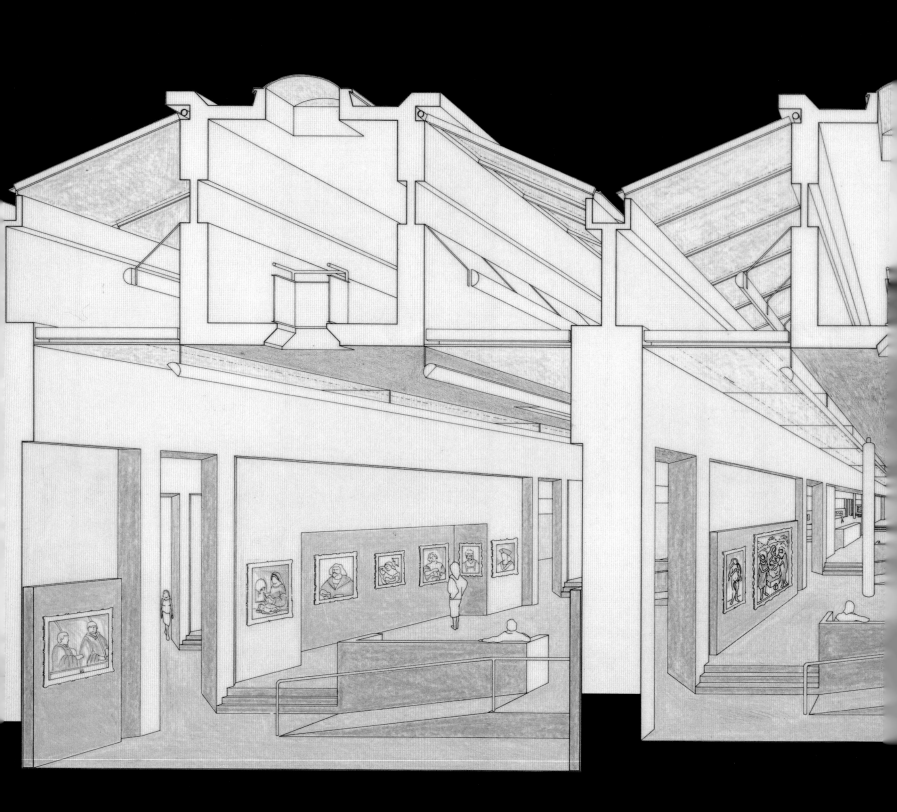

Filmcentrum Esplanade 1986

■ Het Filmcentrum Esplanade bestaat uit een academie, een museum, een bibliotheek, centrale ruimten voor techniek en administratie en ontvangstruimten met café-restaurant, alsmede verhuurbare gedeelten; alles met een betrekking tot filmproduktie, -promotie en -exploitatie. De prijsvraag die voor dit multifunctionele complex werd uitgeschreven, was bedoeld voor een locatie dichtbij het Kulturforum. Hier zijn onder andere al de Philharmonie, de Staatsbibliothek en de Nationalgalerie gebouwd. De ruïne van het voormalige Hotel Esplanade moest in het ontwerp worden geïncorporeerd. Aangezien dit bestaande gebouw nogal ver afligt van de kern van het Kulturforum, legde Hertzberger een langgerekte vleugel (voor de filmacademie) over de bestaande magneetbaan in de richting van deze kern. De kopwand zou een hoge verlichte ingangshal bevatten die 's avonds als een lamp zou werken, met daarboven een lichtkrant. Aldus zou het nieuwe gebouw een brug slaan naar het Kulturforum toe. Het complex was verder opgevat als een samenhang van losse bouweenheden, alle door overdekte loopstraten of galerijen met elkaar verbonden. Voor de 'satellieten' (onder andere voor museum en bibliotheek) was gekozen voor de cilindervorm, waaruit delen zijn weggenomen. De hoofdvorm van het voormalige hotel is intact gelaten voor representatieve en restauratieve functies. Een grote binnenplaats kan eventueel voor filmvertoningen in de openlucht gaan dienen. Met de langgerekte 'brug' over de magneetbaan, richting Kulturforum, had Hertzberger de grenzen van het beschikbare terrein overschreden. Bij het (prijswinnende) ontwerp in tweede fase – waarbij als eis was gesteld dat hij zich zou terugtrekken binnen het gegeven terrein – legde hij dit lange gedeelte over het Hotel Esplanade heen, waarbij de 'satellieten' een herschikking ondergingen. Nu de Berlijnse Muur is afgebroken, is andermaal een herschikking gewenst in het kader van een herstructurering van de Potzdamer Platz.

Bellevuestrasse 14-18a, Berlijn-Tiergarten
Uitschrijfster prijsvraag
Stadt Berlin

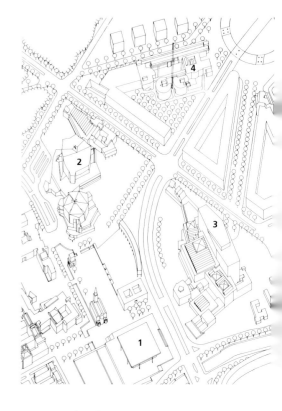

Situatie
1 Nationalgalerie
2 Philharmonie
3 Staatsbibliotheek
4 Filmcentrum Esplanade

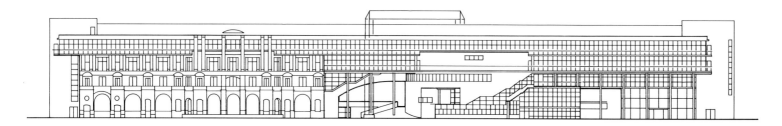

Noordaanzicht

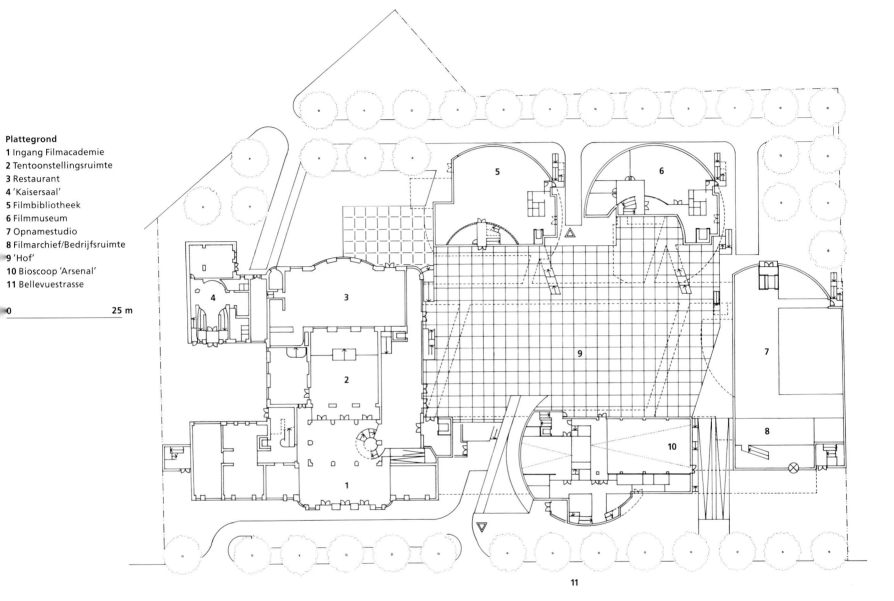

Plattegrond
1 Ingang Filmacademie
2 Tentoonstellingsruimte
3 Restaurant
4 'Kaisersaal'
5 Filmbibliotheek
6 Filmmuseum
7 Opnamestudio
8 Filmarchief/Bedrijfsruimte
9 'Hof'
10 Bioscoop 'Arsenal'
11 Bellevuestrasse

0   25 m

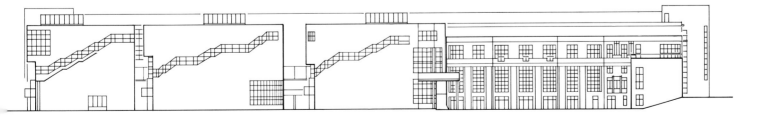

Zuidaanzicht

Waterwoningen Zuiderpolder 1986

■ In de context van de woningbouwprojecten die in de Haarlemse Zuiderpolder worden gerealiseerd, bedacht Hertzberger een variant: waarom niet woningen ontwerpen, die – bij overal in ons land heersende schaarste aan bouwgrond – op het water drijven? Wanneer er zekerheid is dat enkele honderden daarvan kunnen worden geproduceerd, geplaatst en verkocht, dan hoeven deze Waterwoningen niet duurder te zijn dan een normaal huis in een rijtje. En dan heeft men bovendien het voordeel dat men vrij en onafhankelijk woont: geen hinderproblemen met de eigen geluidsproduktie, een wendbaarheid op de windstreken naar eigen initiatief en in beginsel verplaatsbaarheid. Een essentiële voorwaarde is wel dat de Gemeente zorgt voor de infrastructuur, in de vorm van aanlegsteigers, de toegang daartoe en de aansluitingen op de verschillende soorten energievoorziening, waterleiding en riolering. De huizen drijven op betonnen vlotters die met isolatiemateriaal gevuld zijn. Volgens Hertzbergers ontwerp zouden ze cilindervormig worden, met een daaruit uitstekend entreebordes en een dito terras. Er is voorzien in twee woonlagen. De indeling zou naar wens verschillend kunnen zijn, zoals de slaapkamers op de begane grond dan wel op de verdieping, een tweedeling in eenpersoonswoningen of aflevering in cascovorm voor wie graag zelf de afwerking wil verzorgen. De cirkelvormige plattegrond is een thema dat Hertzberger reeds vanaf het Amsterdamse stadhuisontwerp heeft gefascineerd en dat door het zien (in 1983) van Mario Botta's Casa Rotonda weer een nieuwe impuls moet hebben gekregen. Het daagt uit tot nieuwe soorten van indelingen van een plattegrond met een gegeven omtrek volgens de traditionele procedures van het 'plan libre'. De buitenzijde zou afgewerkt moeten worden met metalen golfplaten, de binnenzijde met hout. De tussenlaag is dan bestemd om opgevuld te worden met isolatiemateriaal. Het wachten is op het doorslaggevend initiatief van een projectontwikkelaar.

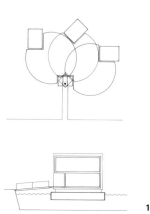

Haarlem

Opdrachtgever
Wilma Bouw BV, Amsterdam

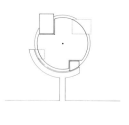
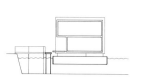

1

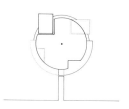
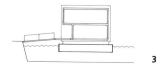

2

3

Varianten aansluiting kade
1 Scharnierende loopplank
2 Steiger met halfronde uitbouw
3 Scharnierende loopplank
   Halfrond uitgebouwd entreebordes

Aanzicht entreezijde

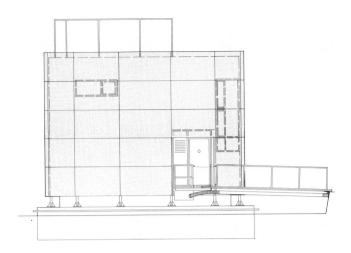

Plattegrond begane grond
1 Loopplank
2 Entreebordes
3 Ingang
4 Slaapkamer
5 Terras

0 1 m

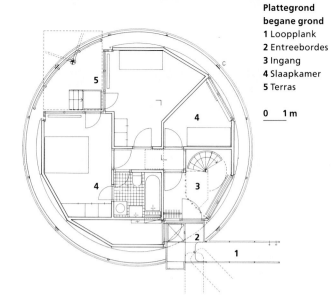

Aanzicht terraszijde

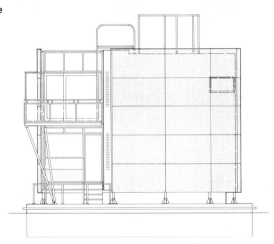

Verdieping
6 Overloop
7 Keuken
8 Woonkamer

Doorsnede

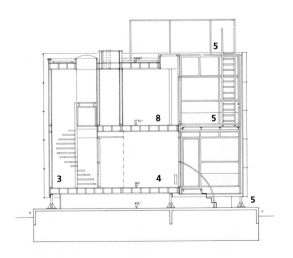

Plattegrond dakterras

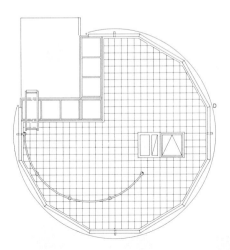

Uitbreiding basisschool 1988-1989

■ Het bestaande schoolgebouw, dat gedeeltelijk is afgebroken, had te weinig en te kleine klassen. Oorspronkelijk was totale afbraak bedoeld. Omdat het budget uiterst beperkt was, heeft de architect de opdrachtgevers ervan overtuigd om een groot gedeelte te laten staan. Deze omstandigheid vormde een prikkelende uitdaging tot een vorm die reageert op het bestaande en zijn omgeving. Naar de kant van de ronding aan het pleintje kwam een halve cilinder, waarin twee maal twee klaslokalen boven elkaar werden ondergebracht. Naar de kant van de ernaast liggende witte villa werd gereageerd door een blokvorm, waarin op overeenkomstige wijze eveneens vier lokalen werden geaccomodeerd. Tussen deze twee elementen voltrekt zich het mirakel: een wigvormige hal, waarvan het dak door vrijstaande zuilen wordt gedragen en waarin het daglicht wordt gewonnen door de deelsgewijze beglazing van dit dak en door de glazen puien aan de uiteinden. Deze hal is op zijn beurt donor van licht aan de lokalen, die door beglazing ervan gescheiden zijn. Met name is dit het geval met de beide bovenlokalen in de halve cilinder, die naar de kant van het pleintje maar kleine vensters hebben en anders te duister zouden zijn gebleven. Zijn deze hoofdzaken al subtiel genoeg van aard, ze worden nog aangevuld door allerlei gelukkige details die het meeste werk van de architect kenmerken, zoals de aanleg van de garderobes en de uitstalvitrines bij de ingang van de lokalen, de dubbele richtingen die zich in het loopvlak van de de beide blokken verbindende brug manifesteren door het gecombineerd gebruik van glas en nopjes-rubbermat of de door de leerlingen, onder leiding van Akelei Hertzberger, gemaakte mozaïeken. Daarnaast zijn hier elementen geïntroduceerd die in het werk van Hertzberger nieuw zijn, zoals de glimmend-gladde zwarte aftimmering van de halve cilinder en de vermijding van de anders gebruikelijke massaliteit, bij voorbeeld bij de metalen trap en de bekroning van de gewapend betonnen kolommen, welke zich bovenaan plotseling tot dunne staalkernen versmallen. Hertzberger heeft bij deze schooluitbreiding geprobeerd om met minder 'gezwoeg' meer effect te bereiken, maar is nog niet helemaal de angst te weinig te doen te boven gekomen.

Mr. Enschedéweg 22, Aerdenhout
Opdrachtgever
Bestuur van de Schoolvereniging Aerdenhout Bentveld, Aerdenhout

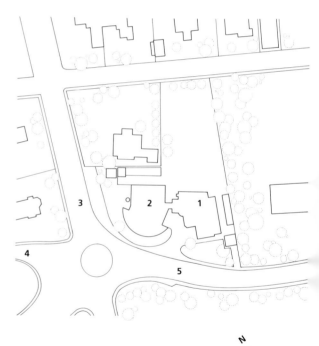

Situatie
1 Bestaande school
2 Nieuwbouw
3 Mr. Enschedéweg
4 Schulpweg
5 Bentveldsduinweg

Plattegrond begane grond
1 Ingang
2 Garderobe
3 Klaslokaal
4 Documentatieruimte
5 Kamer schoolhoofd
6 Lerarenkamer
7 Speellokaal
8 Kleedruimte
9 Centrale schoolhal

0   10 m

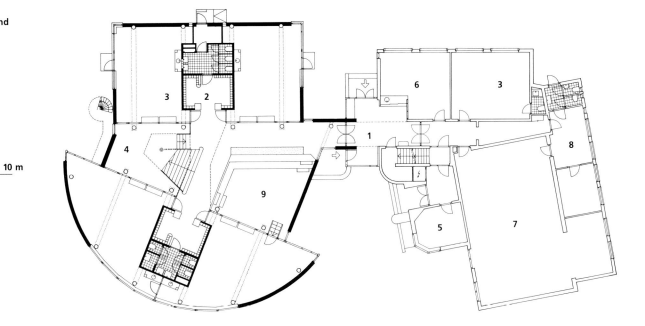

Plattegrond eerste verdieping
10 Handvaardigheidslokaal
11 Brug
12 Dakterras

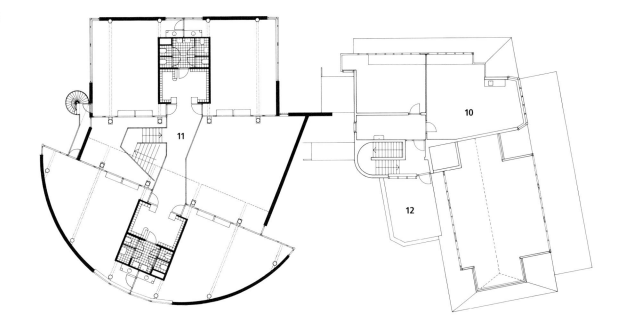

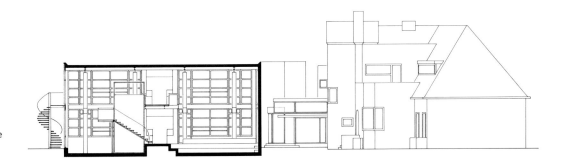

engtedoorsnede
Rechts Aanzicht bestaande gedeelte
Links Doorsnede nieuwbouw

Ontwerp Bibliothèque de France 1989

■ Hertzberger licht dit ontwerp als volgt toe: 'Wanneer het er om gaat een bibliotheek te maken, welke niet slechts voor gemotiveerden is, maar evenzeer en vooral voor allen die hun weg er naartoe nog niet gevonden hebben, dan gaat het er om een zo toegankelijk mogelijk gebouw te maken, een gebouw dat, ook wanneer dat een naald in een hooiberg is, de mensen behulpzaam is om te vinden wat ze zoeken en ook op nieuwe ideeën te brengen. De nieuwe bibliotheek moet niet alleen cultureel voedsel toedienen, maar ook ervoor hongerig maken. Het gebouw bestaat in hoofdzaak uit een met glas overdekte hal die wat afmetingen betreft het Grand Palais overtreft. Deze hal vormt het grote dak waaronder de verschillende langgerekte bibliotheekeenheden een onderdak vinden, en als het ware geparkeerd zijn als enorme vrachtauto's, containers, treinen, boekenkasten, en zeker geïnspireerd op de grote leeszaal van de Bibliothèque Ste-Geneviève, maar dan ingedeeld al naar gelang de behoefte.' Die grote leeszaal van Labroustes Bibliothèque is misschien wel – na het Maison de Verre van Chareau en Bijvoet, eveneens in Parijs – de architectonische ruimte, die Hertzberger het meest lief is. In het bijzonder is hij getroffen door de wijze waarop daar de stenen architectuur gecombineerd is met de erop rustende metalen kappen. Echo's van dit laatste zijn echter bij dit ontwerp voor een 'Palais des Livres', zoals hij het noemt, op nogal indirecte wijze zichtbaar. Voor Hertzbergers wijze van doen is dit relatief een 'technisch' ontwerp. Men komt binnen in de ontvangsthal, die openbaar gedacht is als een overdekt stadsplein, met allerlei 'stedelijke' voorzieningen. Als in een luchthaven kan men via 'gates' de bibliotheekeenheden betreden. Deze 'containers' zijn telkens op een andere manier in te delen en in te richten. Daarmee is in principe een grote mate van veranderbaarheid, en dus flexibiliteit, ingebouwd.

Parijs

Uitschrijfster prijsvraag

Association pour la Bibliothèque de France, Parijs

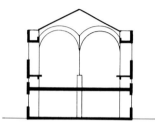
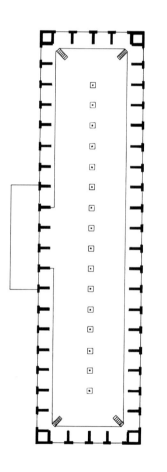

H. Labrouste, Bibliothèque Ste-Geneviève
Parijs, 1843-50

0 —— 25 m

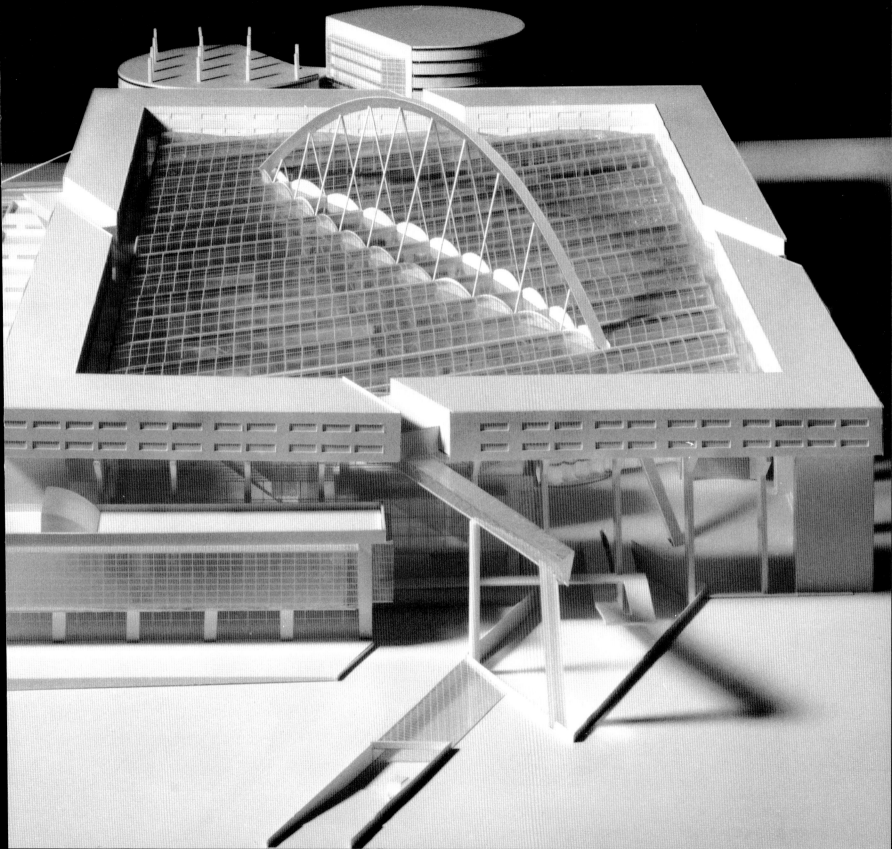

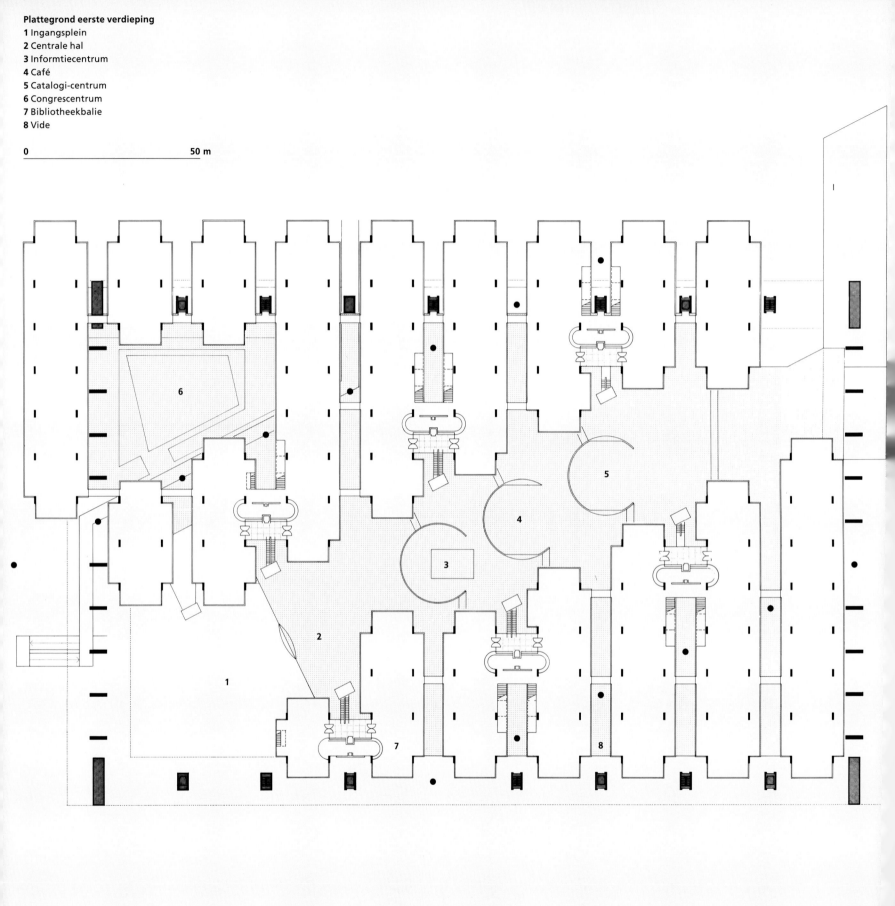

Plattegrond eerste verdieping
1 Ingangsplein
2 Centrale hal
3 Informtiecentrum
4 Café
5 Catalogi-centrum
6 Congrescentrum
7 Bibliotheekbalie
8 Vide

Principeplattegrond van
de bibliotheekafdeling

Mogelijke indelingen
van verschillende
bibliotheekafdelingen

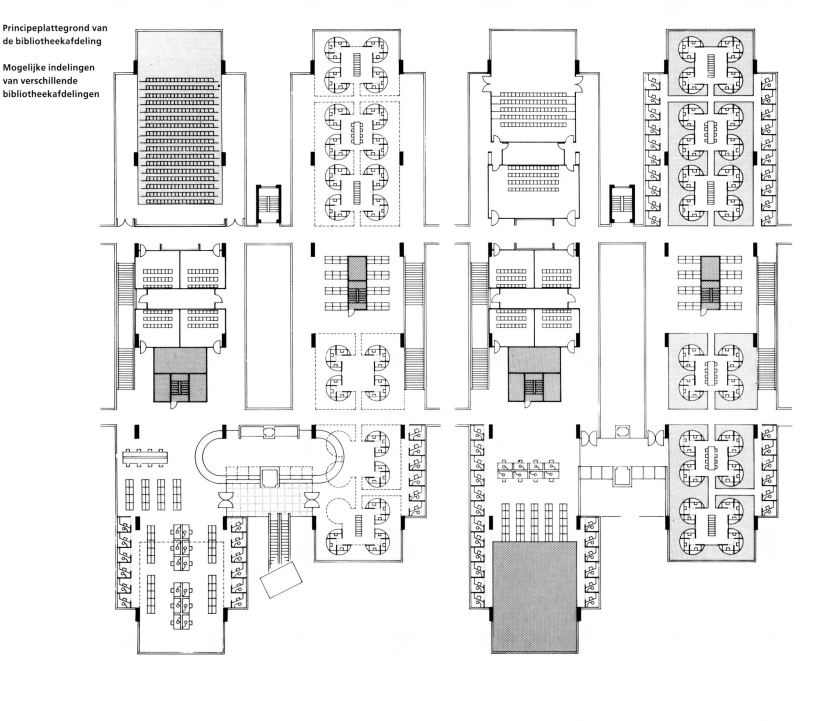

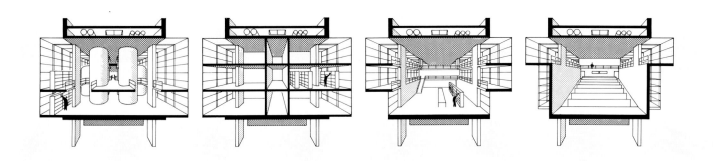

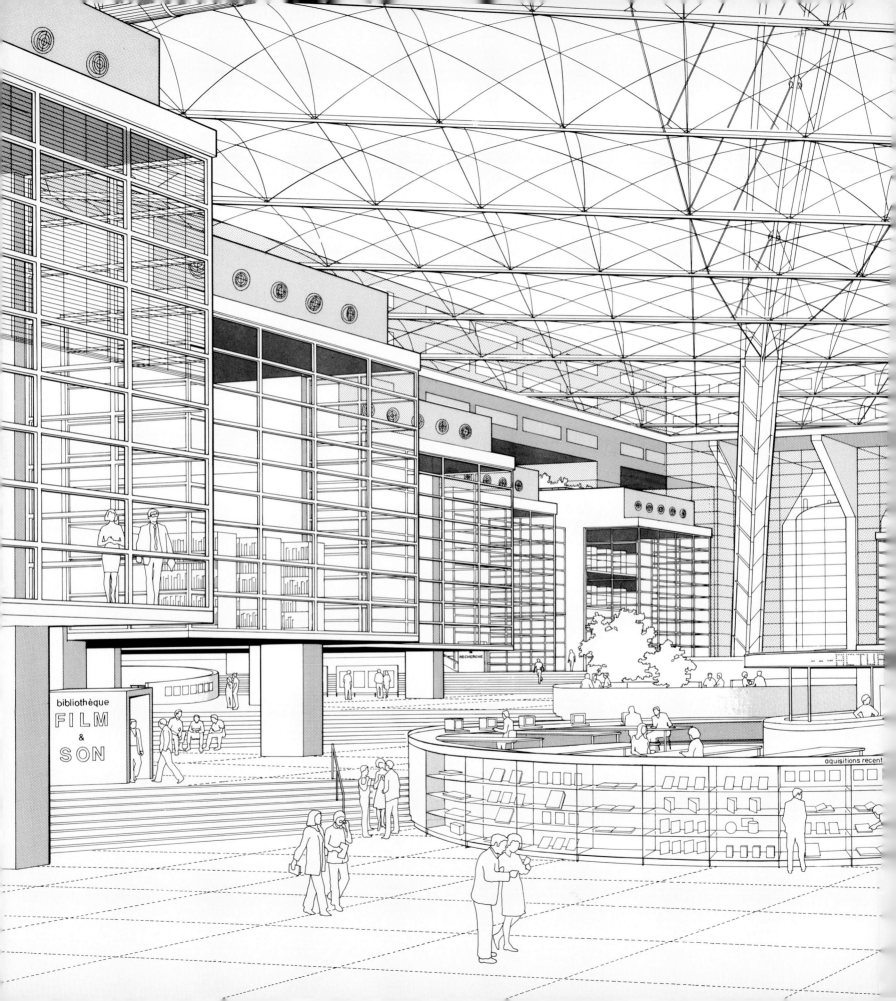

Ontwerp Kulturzentrum am See 1989

■ Voor de plek waar de rivier de Reuss in het Vierwoudstrekenmeer uitmondt en waar het Europaplein zich bevindt was een prijsvraag uitgeschreven voor een nieuw cultuurcentrum. Hierin moesten onder andere een grote, een kleine en een middelgrote concertzaal worden ondergebracht, alsmede een 'Stadthalle', een restaurant en aanverwante vertrekken. Aan de zijde van het meer moesten terrassen komen. Voor Hertzberger was de uitdaging vooral gelegen in de situering: in het hart van de stad en toch aan het water; dit alles omgeven door de bergen. Tegelijk was hier de kans aanwezig om het Europaplein, met het front van het centraalstation en het hoofdpostkantoor, een treffende stedebouwkundige vorm te geven. Hij voegde er een voetgangersgebied aan toe dat voor de passagiers bij de steigers van de schepen extra ruimte geeft. Uit de plattegronden zou men misschien niet meteen het auteurschap van Hertzberger herkennen. Hier is een uitwaaierende reeks van zalen aan het meer, die doet denken aan de formatie van de daken van Utzons Opera in Sydney. (Vóórontwerpen tonen voor deze zalen zelfs plattegrondvormen met omtrekken uit samengestelde cirkelsegmenten.) Hij is ook bij dit ontwerp nieuwe dimensies aan het verkennen. Maar uit de toelichting blijkt dat een aantal goede oude principes niet overboord is gezet. Op de plek van het nieuwe Kulturzentrum staat nog het oude Kunst- und Kongresshaus. Hertzberger stelt zich voor dat dit tijdens de bouw van het nieuwe centrum in functie kan blijven. Bovendien kan zijn ontwerp heel gemakkelijk in gedeelten worden opgetrokken, stelt hij. De kelderverdieping van het bestaande gebouw wil Hertzberger behouden. Zij kan dienen voor verzorgingsruimten voor het restaurant en als ondersteuning voor het caféterras boven. De ontwerper lijkt hier iets van zijn oude wijze van doen te hebben losgelaten en zichzelf een nieuwe vrijheid gegund te hebben. Die maakt het mogelijk dat in de plattegronden zo suggestief gereageerd wordt op de ligging aan het meer.

Europaplatz, Luzern
Uitschrijfster prijsvraag
Gemeente Luzern/Projektorganisation Kulturraumbau, Luzern

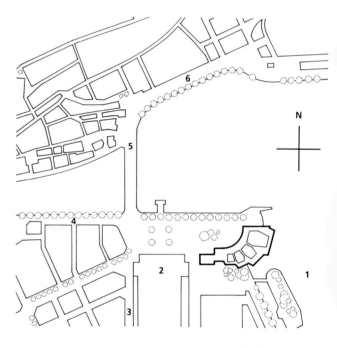

Situatie
1 Vierwaldstätter See
2 Station
3 Zentralstrasse
4 Bahnhofstrasse
5 Seebrücke
6 Schweizerhofquai

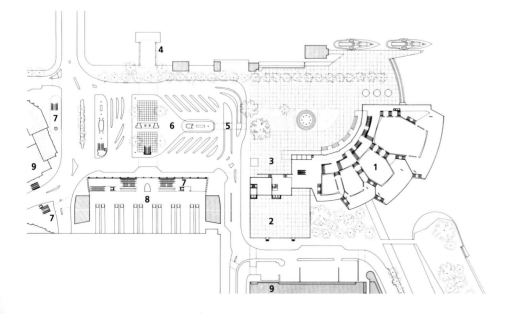

Situatie
1 Kulturzentrum
2 Caféterras
3 Plein
4 Aanlegsteiger
5 Ingang parkeergarage
6 Busstation
7 Ingang metro
8 Stationshal
9 Bestaande bebouwing

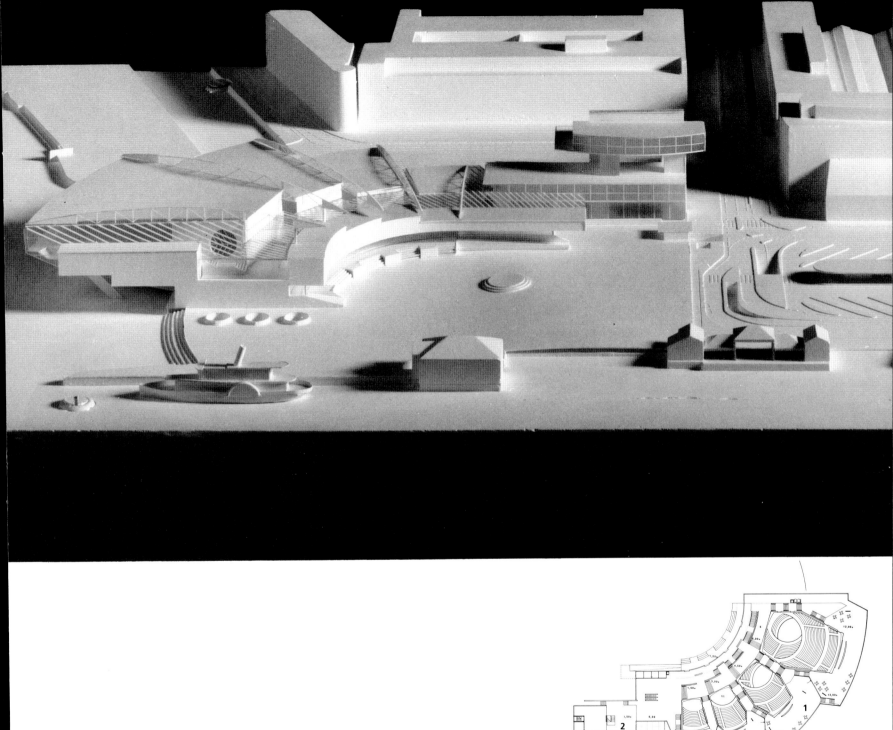

Plattegrond foyer en ingangshal
1 Foyer
2 Café Restaurant

Ministerie van Sociale Zaken en Werkgelegenheid 1979-1990

■ Het Ministerie, dat in de herfst van 1990 in gebruik genomen werd, is gesitueerd tegenover het station Laan van Nieuw Oost Indië. Ongeveer tweeduizend ambtenaren vinden er een onderkomen volgens een flexibele indeling in een combinatie van zestien achthoekige torens, waarin op elke verdieping ruimte is voor ruim dertig werkplekken. De totale opzet is symmetrisch, de torens zijn naar de stadszijde toe lager. Voor het eerst in Hertzbergers werk is er één duidelijke hoofdingang, tegenover het station. Deze ingang heeft zelfs nog een 'poort' als extra accent gekregen. Ook vanuit de onder het gebouw gelegen parkeergarage komt men via de hoofdingang in de centrale entreehal, waarin twee axiaal gelegen roltrappen naar het volgende niveau leiden. Van daar uit zijn er links en rechts twee symmetrisch tegenover elkaar gelegen roltrappen die naar de linker- en rechterhelft van het gebouw voeren. Men gaat dus één keer het gebouw binnen, passeert de controle en kan dan binnendoor de gewenste afdeling vinden. Per vertrek kunnen de ramen naar buiten worden opengezet. (Hertzberger vindt gebouwen waarvan de ramen niet open kunnen 'ouderwets'.) Het gebouw is mede om deze reden niet te hoog gemaakt, de gevels plooien zich naar binnen om de noodzaak van binnenhoven te vermijden en per geleding is er naar boven toe een reeks 'uitkantingen' in de gevel toegepast om ook een maximale toevoer van licht naar binnen toe mogelijk te maken. Een dergelijke graad van detaillering van het bouwvolume en de ruime semi-openbare zones in het interieur betekenen wél meer moeite voor de ontwerper dan wanneer de gebruikelijke doosvorm zou zijn toegepast. De norm van 11 m² netto werkruimte plus 5 m² voor het overige oppervlak per persoon (kantine e.d.) is hier echter niet overschreden en ook de bouwkosten zijn op een normaal peil gebleven.

Anna van Hannoverstraat 4, Den Haag
Opdrachtgever
Rijksgebouwendienst, Den Haag

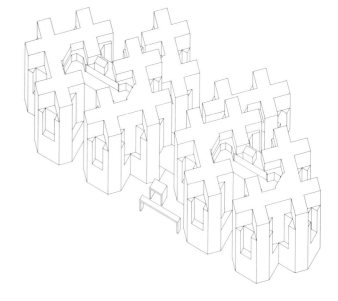

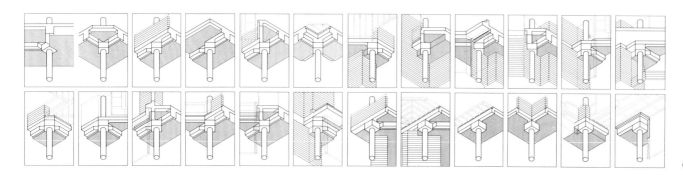

Ontmoetingen balken en kolommen

Plattegrond tweede laag
1 Centrale hal/vide
2 Roltrap
3 Hal met liften naar verschillende kantoorafdelingen
4 Binnentuin met koffiebuffet
5 Vergaderruimte
6 Kantoor

0 20 m

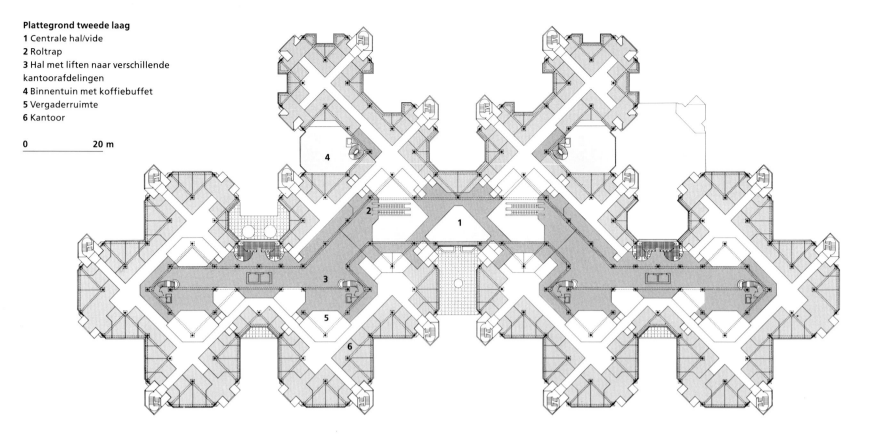

Plattegrond derde laag

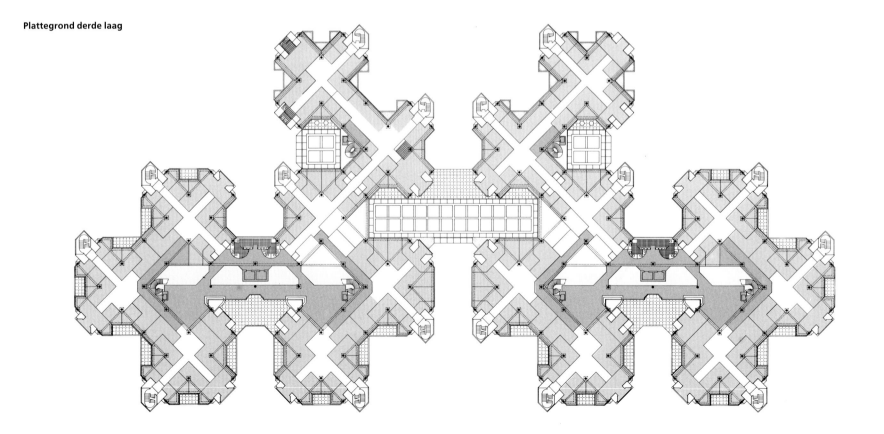

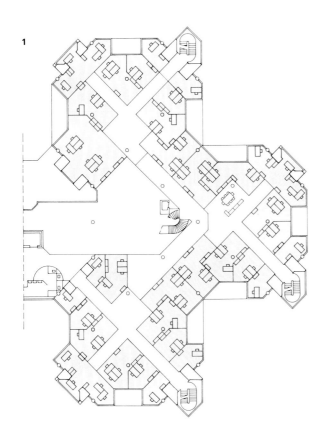
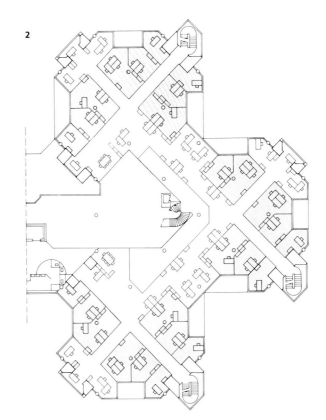
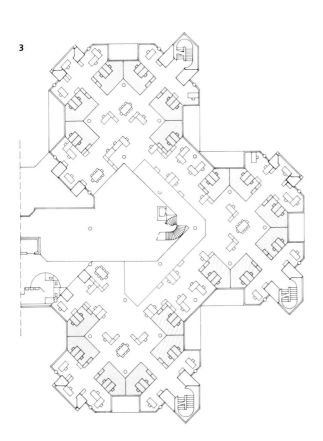
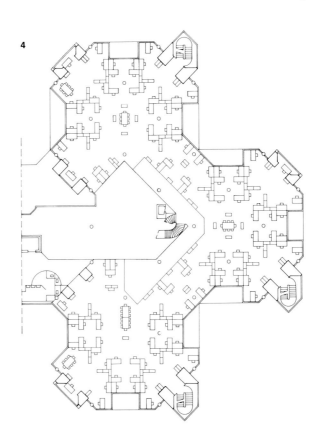

Indelingsvarianten kantooreenheden
1 Uitsluitend kamers
2 30% open kantoren
3 60% open kantoren
4 Uitsluitend open kantoren

Biografie

1932
Geboren te Amsterdam
1958
Afgestudeerd aan de Technische Hogeschool te Delft
1958
Vestiging eigen bureau
1959-1969
Redacteur van *Forum* (met Aldo van Eyck, Jaap Bakema e.a.)
1965-1969
Docent aan de Academie voor Bouwkunst te Amsterdam
sinds 1970
Buitengewoon hoogleraar aan de Technische Universiteit Delft
1979
Lid adviescommissie voor de toekenning van de Merkelbachprijs 1979
sinds 1986
Buitengewoon hoogleraar aan de Universiteit van Genève
sinds 1990
Decaan van het Berlage Instituut Amsterdam

Gastdocentschappen

1966-1967, 1970, 1977, 1980
M.I.T., Cambridge (U.S.A.)
1968
Columbia University, New York (U.S.A.)
1969-1971, 1974
Toronto University (Canada)
1978
Tulane University, New Orleans (U.S.A.)
1979
Harvard University, Massachusetts (U.S.A.)
1981
University of Pennsylvania (U.S.A.)
1982-1986
Université de Genève (Zwitserland)
1987
Diverse universiteiten in de U.S.A.

Prijzen

1968
Architectuurprijs van de stad Amsterdam; voor het Studentenhuis te Amsterdam
1974
Eternitprijs; voor het kantoorgebouw Centraal Beheer te Apeldoorn
Fritz-Schumacherprijs; voor het gehele oeuvre
1980
A.J. van Eckprijs; voor het Muziekcentrum Vredenburg te Utrecht
Eervolle vermelding Eternitprijs; voor het Muziekcentrum Vredenburg te Utrecht
1985
Merkelbachprijs, architectuurprijs van de stad Amsterdam; voor de Apolloscholen te Amsterdam
Eerste prijs prijsvraag; voor het project Filmcentrum Esplanade te West-Berlijn (in uitvoering)
1988
Merkelbachprijs, architectuurprijs van de stad Amsterdam; voor de openbare basisschool De Evenaar te Amsterdam
1989
1989 Richard Neutra Award for Professional Excellence
Berliner Architekturpreis, architectuurprijs van de stad West-Berlijn; voor het woningbouwproject aan de Lindenstrasse/Markgrafenstrasse in Berlijn
1991
Premio Europa Architettura (Europa Prijs)

Tentoonstellingen

1967
Biennale des Jeunes, Parijs
1968
Stedelijk Museum, Amsterdam
1971
Historisch Museum, Amsterdam
1976
Biennale Venetië
Stichting Wonen, Amsterdam
1980
Kunsthaus, Hamburg
1985
Stichting Wonen, Amsterdam
Frans Halsmuseum, Haarlem
'Architektur und Städtebau, Niederlande 1940-1980', Historisch Archief, Keulen
'Herman Hertzberger. Bauten und Projekte', Internationale Bauausstellung, Berlijn
vanaf 1985
'Six architectures photographiées par Johan van der Keuken', reizende tentoonstelling van oudere uitgevoerde projecten, waaraan in 1986 drie recentere prijsvraagprojecten zijn toegevoegd
1986
Fondation Cartier, Jouy-en-Josas
'Lieux de Travail', Centre Pompidou, Parijs
'Il Luogo del Lavoro', Triennale, Milaan
vanaf 1986
'Herman Hertzberger', reizende tentoonstelling
1987
M.I.T., Cambridge en diverse andere universiteiten in de U.S.A.
Stichting Wonen, Amsterdam
'Herman Hertzberger Architektura', Zagreb
1988
New York State Council of the Arts, New York
1989
Global Architecture International, Tokyo
Institut Français d'Architecture, Parijs
'Herman Hertzberger: opere recenti', Palazzo Taverna, Rome

Projects

Extension to LinMij Laundry 1962-1964

■ This sewing workshop was erected on the roof of a factory complex dating from the beginning of the century and housing a linen hire company. It was conceived as the first phase of a series of extensions that was to envelop the old building. However, this has yet to take place. The architect himself feels that for a sewing workshop the structure may have been overemphasized somewhat. For its form expresses quite explicitly the possibility of additional expansion. At the time of construction it was impossible to predict which department would most urgently require further extension. All available investments could accommodate only the smallest of additions. These two facts led to the design of a prefabricated structure in which units in different combinations could provide a variety of larger spaces. Each unit would have to satisfy the company's requirements without itself needing to change with any modification in the programme. A second premise was that following each phase of extension the building would once again constitute a complete whole, independent of a subsequent phase. Each unit should have an identity so strong as to retain it through thick and thin as well as giving identity to the building as a whole. Components were to be autonomous to be able to fulfil a multiplicity of roles. This sewing workshop was designed with every care for the people who would work in it. In this respect the Van Nelle factory in Rotterdam was without doubt a prime source of inspiration. According to Hertzberger that factory was 'fully geared to maximum visibility for those working there, not only of the world outside but more particularly of each other'.

Articulation of roof

Plan of sewing studio
1 Entrance
2 Cloakroom
3 Goods lift
4 Loggia

Student Hostel 1959-1966

■ While still at Delft Hertzberger won with fellow student T. Hazewinkel the competition for this student hostel. The final commission was based on other points of departure, necessitating a new design (without Hazewinkel, who by then was doing national service). The building forms part of a large-scale traffic redevelopment scheme (the through-town extension of the tunnel under the IJ river). Situated centrally between the Roeterseiland and Oudemanhuispoort university complexes, the public zone penetrates the ground floor to reappear by way of stairs and lifts at the 'living-street' halfway up the building. (Much of this public zone is now closed off). The understructure houses conference rooms and a central office for the Amsterdam Students Association (ASVA), a restaurant for students, a bookshop and a café with terrace. Above this rises accommodation for 250 students in horizontal 'living units': twelve large units of eighteen single rooms, three small units of six, a caretaker's flat and one unit of eight dwellings for student couples. The latter are reached from the living-street where children can play in safety. Here too can be found the low concrete benches open to a wealth of interpretations (with lighting underneath that is unobtrusive to the nearby apartments at night) and on the south side, as an extension, the open-air terrace. Each living unit has its own number and letterbox. They are in effect houses, reached from a communal stairwell. Originally visitors and deliverers found their own way about this 'public' area and the post was delivered to each unit. All rooms are reached from corridors with 'islands' containing washrooms, toilets and storage spaces. At the far end of each living unit is a communal space for cooking and eating and for holding meetings too large for a single room. The original state of the hostel has been gradually modified.

Lamps in the student restaurant (mensa)

Isometric of ground floor and mezzanine
1 Entrance terrace to students' house and 'mensa'
2 Student restaurant (mensa)
3 Covered gallery
4 ASVA centre
5 Café
6 Terrace

Plan of 1st-3rd and 5th-7th floors
1 Central staircase
2 Lobby
3 Students' room
4 Common room
5 Loggia
6 Telephone
7 Washroom

Fourth floor plan
1 Central staircase
2 Covered gallery
3 Sand pit
4 Common room
5 Caretaker's flat
6 Two-person flat
7 Guest room

Delft Montessori School 1960-1966, 1968, 1970, 1981

■ This school complies – as much as the stringent restrictions on schools for primary education would allow – with the special demands made by Montessori education. Hertzberger made every effort to create space for those activities particularly stimulated in Montessori ideology. An essential feature is that activities often take place simultaneously. The L-shape of the classrooms means that not every child should feel obliged to take in at a glance everything going on there. The original layout of 1960 comprised four such L-shaped classrooms. In the plan three are ranged stepwise along a hall toplit at the inner angles of the Ls and across which is the fourth. The first extension in 1966 added a fifth classroom. 1968, 1970 and 1981 saw further extensions, each creating a new totality. Today the school boasts eleven classrooms and a staffroom. Typical of Hertzberger are the entrance, the 'podium-block' and the sandpits. The entrance consists of not only a door used a few minutes each day when school starts and ends, but also a kind of entrance-step where children can be received on arrival or wait for each other after school. In the centre of the hall is the 'podium-block' used as much for formal gatherings as for spontaneous acts. It is the focal point for all manner of daily doings and can be extended on all sides using wooden members stored in it into a real stage. Composed of hollow concrete blocks, the sandpits can be looked on as a semi-product for the children to complete again and again.

Stages of construction
1 1960 Four-class primary school
2 1966 Five-class primary school
3 1968 Six-class primary school
4 1970 With infants' school added
5 1981 Infant's school extended with three classrooms and games room

Competition Design for Amsterdam Town Hall 1967

■ In the text accompanying this design Hertzberger stated: 'In a democracy, the representatives of the people are elected by the public at large, i.e. from its midst. They are therefore true representatives, dependent on the favour of the people. One goes to the town hall not merely to request a particular service, but to be served. In this respect the town hall must be essentially anti-monumental. The building does not try to stand apart from the surrounding city, but on the contrary to fit as much as possible into the urban environment. It is constructed of elements that in general are no larger than the elements of which the city is composed. Included in the scheme is the market, there since time immemorial. Its everyday character can only serve to strengthen that of the town hall by contributing an urban element....Cutting through the building is a system of roads and parking facilities for vehicular traffic. On the level above are public streets for pedestrians only; these too traverse the building. The main stairtower is situated exactly where road and streets intersect, the only public main entrance to the building. The user arrives by Metro, car, bicycle, on foot, by helicopter at the central lobby, from there to be directed by the porter to the relevant point of the compass, without needing to leave the building. In each of the four compass points is a further stairtower for officials and those who already know their way around. The public street becomes a covered public square in the centre of the building: it is the heart of the building where the restaurant and other urban facilities are located. The reception hall complex may be interpreted as an auditorium or theatre, in short as a cultural centre for some 500 persons: a common meeting place for the people and their representatives.' This final sentence has an almost prophetic ring, in view of the building that eventually came in its place – the combined town hall and music theatre, or 'Stopera'.

Site plan
1 Council chamber
2 Theatre/auditorium
3 Committee meeting rooms / Burgomaster and Aldermen
4 Blauwbrug
5 Amstel river
6 Zwanenburgwal
7 Waterlooplein
8 Jodenbreestraat

Centraal Beheer Office Building 1968-1972

The directors of the Centraal Beheer insurance company, who were planning to move their headquarters from Amsterdam to Apeldoorn, were having trouble finding a type of office building that appealed to them. So they applied to an agency for two lists, one of innovative young architects and another of established architectural offices. The first list yielded Hertzberger, the second Lucas and Niemeijer, a firm with the experience needed to satisfy a commission for an office building to hold a thousand employees. (The firm chose the architect Ellerman to represent it.) The competition design for Amsterdam Town Hall had already been made when Hertzberger received this commission. As in the town hall design he opted once again for a cellular structure in four quadrants. Important from the planning angle was the new railway station proposed for this location, in view of which a shopping arcade would pass through the complex. The station proposal was ultimately abandoned. The plan of Centraal Beheer comprises clusters of square office 'islands' separated from each other by toplit voids that penetrate all levels. These islands are linked by raised walkways lined up to form circulation routes through the clusters. The islands can be variously modified to suit a variety of functions, or combined into a public zone. Thus they reveal a tremendous flexibility which through all the changes – including the large-scale internal reorganization now underway – bears witness to the enduring strength of this concept. Originally the finish was rudimentary (untreated concrete and concrete block) to leave room for spontaneous 'appropriation' by its users. The current internal changes are to improve its public representation.

Fourth floor plan
1 Lifts
2 Cloakroom
3 Coffee bar
4 Reception
5 Work space
6 Plant
7 Roof garden

Extension to Centraal Beheer 1990

Despite an earlier increase in premises by Centraal Beheer in 1974 when it assimilated the adjoining Pakhoed premises (built in 1973 by Kaman and Davidse, and now known as CB II) the rapid rise in the number of visitors once more necessitated an extension. CB II was united with the original Centraal Beheer (CB I) by a footbridge, though the arrival of further entrances resulting from amalgamation led to a complex that was anything but surveyable. To restore unity it was decided to build a new block (CB III) between the two existing buildings, containing the main entrance and all activities directly relating to the public. Parking space was to be increased too. The addition of meeting/lunchrooms and a conference hall enabled CB I and CB II to regain their office function. Much as CB I reflects office organization in the seventies, stressing the work space, the programme for the nineties demands more public representation and a greater emphasis on the finish. CB III will serve a pivotal function between the two earlier buildings. The east side will be built on to CB II (the Pakhoed facade is to be opened up), the west side to be linked by an external footbridge to CB I. Various routes will converge in three atria. The volume of the new building can be characterized as a freestanding 'bookcase' in three levels wrapped in a glass box. On the ground floor is the main entrance and reception, clearly articulated as such and allied formwise to the entrance to the Ministry of Social Welfare and Employment now realized. An escalator conveys visitors to the atrium on the first floor from where they are directed to the relevant departments. On the third floor it is possible to walk round the outside of the rooms as if on the deck of a ship, and catch a glimpse of the work spaces in the other two buildings.

Site plan
1 CB I 1968-72
2 CB II (formerly Pakhoed) 1973
3 CB III at design stage 1990
4 Prins Willem-Alexanderlaan
5 Railway line

Vredenburg Music Centre 1973-1978

The history of the Music Centre is a turbulent one with repercussions in politics and planning. For the building was to be sited on the boundary between the large-scale construction of the Hoog Catherijne shopping centre and the old centre of Utrecht and was a key issue in the redevelopment controversy. In a preliminary sketch from 1969 Hertzberger had originally forfeited his commission by rejecting a proposed traffic artery which would have disrupted the market-place character of Vredenburg square. A few years later the municipal council changed its mind and Hertzberger got the commission after all. What followed has become a 'success story' as Centraal Beheer had been. The Music Centre is the most lively institution of its kind in the Netherlands. It is used for an unusually wide spectrum of musical events each attracting its own audience from all parts of the country, a fact largely due to its good accessibility. And it fits in well with all its audiences. It is, therefore, intended to be the most accessible of buildings, also to those with little or no musical education. Hertzberger strove to achieve an antimonumental effect, with thresholds kept low and a multiplicity of potential uses. By way of public arcades with shops, some offices, restaurants and an information centre, the public realm of the city penetrates the complex. These arcades link up with the roofed 'streets' of the shopping centre, but unlike them are taller than they are wide. Being toplit gives them the true character of public arcades. The concert halls are surrounded by foyers accommodating a great variety of 'places'. The artistes' foyer downstairs has this same property. The main auditorium, with its stage just off-centre, has excellent acoustics and was designed with the best view of the performers in mind. The colour of the seating and the tapestries by Joost van Roojen convincingly combine individual expression with subordination to the building.

First floor plan
1 Entrance to large auditorium
2 Stage
3 Foyer
4 Buffet
5 Cloakroom
6 Small auditorium
7 Music Centre office
8 Shopping arcade
9 Shop
10 Connecting bridge to 'Hoog Catherijne'
11 Terrace
12 Restaurant
13 'Hoog Catherijne' shopping centre

Apollo Schools 1980-1983

These two schools were commissioned together and financed largely according to the same government regulations. They stand in an area of villas within Berlage's development plan for Amsterdam South. They were designed as a pair and share a basic form, though their axes when produced bisect at right angles; and there are other minor differences. Both are villa-like in plan with a toplit central hall whose stair can be used for theatrical performances and other communal activities without the need for carrying chairs to and fro. On either side are the classrooms, arranged in pairs on a split-level principle, with on the uppermost floor the open-air classrooms. In both schools the hall is large enough to accommodate all pupils and staff, but not too large for use by lesser numbers of children. The treads of the amphitheatre are perfectly scaled to smaller activities. Each classroom has a kitchen unit and worktop combined in a freestanding element. In the Apollo Montessori school these elements are set diagonally to the classroom entrance, engendering a more dynamic spatial division. In the Willemspark school they are placed to the side, thereby allowing a 'standard' classroom layout. The outer stairs of both schools combine a concrete core with a steel extension of freer design, thus avoiding any effect of heaviness. The stairs give access to the primary school while serving as a landing, affording shelter at the entrance to the infants' school on the ground floor. Entrances to classrooms are equipped with work recesses large enough for a table and chairs. In the Apollo Montessori school there are display cases for the work of each class. The classrooms have doors with an upper and lower half so that communication through them can be regulated in stages.

Left Apollo Montessori School
Right Willemspark School

Junctions of beams and columns

Plans
Left Willemspark School
Right Apollo Montessori School
1 Entrance
2 Infants' school hall
3 Main hall
4 Cloakroom
5 Classroom
6 Kitchen unit
7 Games room
8 Handwork room
9 Library space
10 Staff room / 'balcony'
11 Void
12 Terrace

a Ground floor
b Half-level 0-1
c First floor
d Half-level 1-2
e Second floor
f Half-level 2-roof

The Overloop Old People's Home 1980-1984

■ Siting this home for the aged was complicated as at the design stage it had to be moved across the road in connection with plans for a shopping centre and multi-story car park. It seemed undesirable for the future inhabitants, largely of limited mobility, to have to cover an unnecessarily great distance to the shopping centre (which in fact was never built, unlike the car park). And so the home is now wedged between the car park, a school and a raised road leading to the nearby dike along the Gooimeer. This awkward site made it difficult to design an entirely 'independent' building. The complex encloses an inner courtyard that serves the home as a sheltered miniature park with ornamental pond, yet is also assimilated by a public circulation route. The main building contains 84 single-person and eight two-person apartments. On the east side is a U-shaped, less-tall wing with eighteen two-person units for those less dependent. In the main building all corridors converge on the central hall. Here stairs are placed differently per level in a layout of maximum individuality designed to make each wing of apartments all the more recognizable. (Though at their extremities can be found the usual shaftlike stairtowers.) The main stairs, too, are so positioned as to afford optimal visual communication with the central hall. A further contributing factor is the glazing of the lift shafts and cabins there. On the uppermost floor of the main building is a common room for all manner of meetings, with a magnificent view of the water and the Gooi region beyond. To one side of this room, behind a semi-cylindrical wall and lit by a rooflight, is the mortuary: a worthy – in fact symbolic – place for a function usually given a less dignified location.

Site plan and ground floor
1 Entrance
2 Central hall
3 Single dwelling
4 Ornamental pond
5 Pergola
6 Two-person dwelling; unit for the less dependent
7 Veluwemeerdijk

LiMa Housing Complex 1982-1986

■ The LiMa complex was realized as part of the Berlin International Building Exhibition (IBA). Hinrich and Inken Baller, the husband-and-wife team with whom Hertzberger had collaborated on the Dokumenta Urban housing in Kassel, were there to supervise construction. The LiMa occupies a triangular site defined by Markgrafenstrasse, Lindenstrasse and existing buildings. Standing at the point where the two streets meet was a church whose siting clashed with building lines and urban context. Hertzberger therefore felt free to ignore this church and designed a D-shaped block with its straight side against the existing buildings. The result is a semicircular courtyard surrounded by three storeys of housing with basements, punctured by pedestrian passages beneath public stairhouses, with which the public domain can be seen from outside to penetrate the block. This arrangement was Hertzberger's way of deviating from the sombre inner courtyards traditional to Berlin. On either side of the stairhouses are the balconies to the dwellings. Here, then, is a remarkable example of Dutch architecture gracing a foreign metropolis: white-rendered walls and a quote from Duiker's Zonnestraal (the stairtower, above left) combined with such typical Hertzberger elements (influenced here and there by the Ballers) as the glass block, the handrails on the stairs, mosaic decoration on the wall of the sandpit (made by tenants under the guidance of Akelei Hertzberger) and the design of the wooden window and door frames. In addition, the ground floor contains an infants' class. The principal issue was to show that it is possible to build on an inner court attractive housing having nothing of the traditional Berlin 'barracks' and with sunlight entering all the year round. And here Hertzberger seems to have succeeded.

De Evenaar School 1984-1986

■ This school building replaced the former premises in Amsterdam-School style still standing at the corner of the square. Typifying what Hertzberger calls the 'classroom-train' off a long corridor, it had long been the scene of boisterous behaviour. Children pushed each other from the stairs, coats hung cheerlessly in an endless row outside the classrooms. In the new building, however, the pupils seemed to behave quite differently. The toplit main hall has a capacity for encounter that a long corridor cannot offer. No longer were pupils pushed from the stairs. Now they could hang their coats in recesses opposite or adjoining the classroom. The teaching staff common room is now a balcony high in the hall, with a view of all proceedings in the large central space in which sounds are as intimate as in the hall of a house. This houselike character is an aspect De Evenaar shares with the Apollo schools, of which it is a variant. Here, however, the symmetry of their floor plans has been shifted along a central axis. The split-level motif has been dispensed with too. The consequent lack of dynamics is compensated for by the 'rotation' of the plan. This motif is echoed in miniature by the asymmetrical position of the outer stair. Pairs of classrooms can be broken down into a single space by means of sliding partitions. With great tenacity Hertzberger fought for, and was granted all sorts of additions to the interior. The result is a most hospitable building, one with which the teaching staff has expressed its satisfaction. It has now been there for five years. Like most of Hertzberger's buildings its interior has stood up to use admirably. The outside stair is also a place to sit, and a worthy 'donation' to the virtual square of Ambonplein in which it stands off-centre. According to the architect the extremely well-argued composition of the outer walls, which seem to form complex woven screens, now constitutes a 'closed chapter' in his work.

Sections

Ground floor plan
1 Infants' school entrance
2 Cloakroom
3 Main hall
4 Games room
5 Handwork room
6 Classroom
7 Kitchen unit
8 Sand pits
9 Playground

First floor plan
10 Primary school entrance
11 Library space

Roof level plan
12 Staff 'balcony'
13 Head teacher's study
14 Main hall void
15 Roof garden

Competition Design for Bicocca-Pirelli 1986

■ For the reorganization of its forty-hectare factory site the Pirelli concern held an international competition for twenty or so invited architects. The results were exhibited at the Milan Triennale of 1986, which had as its theme 'Il luogo del lavoro' (the place of work). The task was to give shape to a part of Milan that contained a mixture of functions, but where research into innovative technology was to play a leading role. Something of the history of the place, where so many thousands had worked for so long in the rubber industry, had to come out in the design. The great cooling tower was one of the elements to be retained. Practical as always, however, Hertzberger preferred to arrive at a form only after thorough consultation with the client. 'Like every scheme to be realized over a long period of time and not built in one burst', he wrote in the explanatory notes, 'this is no development plan with a clearly defined shape, but a suggestion giving *guidelines for a possible development*. It is possible to picture the result in concrete terms, but you know for certain it will never turn out that way'. The plan divides the grounds into three parallel zones. Parallel with the railway is a concentrated development in rows with a maximum of four storeys. Behind these is an eight-storey linear block spanning backbonelike the entire length of the site. Finally there is an open zone for (office) towers and elements retained from the original layout. Considering the mixture of functions the building types are not designed for one type of allocation only. The rows are as suitable for offices as for laboratories. Between them ground-floor workshops can be constructed using trusses and glazed roofs. For the realization of the towers the plan leaves freedom of expression to the various enterprises occupying them.

Axonometric of theoretical final phase

Gemäldegalerie 1986

■ This is a competition design for the paintings department of the partly existing, partly planned museum complex on the Kulturforum in Berlin. The collection of paintings, at present still at Berlin-Dahlem, is to be moved here. The museum consists of a 'landscape' of avenue-like spaces separated by parallel wall partitions. These 'avenues' rise in a series of terraces in the form of floor units, each of whose fifty centimetres' difference in height is overcome by stairs and ramps. The main access route amounts to a section right through the museum landscape, so that an initial glance is enough to provide the visitor with a broad overview of the entire collection. If one keeps to the avenues the collection unfolds chronologically. On the other hand, by passing sideways through the tall openings in their walls one arrives in the adjacent avenue. Continuing in this lateral direction leads the visitor through a concatenation of 'stills' from different periods – a cross section through time. The spatial unity of the whole is shaped by the possibility of views through in difference directions, such as those created by the wall puncturings which adhere to a systematic grid. Thus the prevailing characteristic of this plan is its efforts to achieve a balance between the separation and connection of the various spatial units. The main walls are 120 cm thick, deep enough for recesses for paintings that benefit from a more intimate setting. All galleries are toplit, though this daylight is everywhere tempered and indirect. The artificial lighting comes from above too, if need be mixed with daylight. Between the strips of lighting are the service tunnels tall enough to walk upright in and forming a closed circuit with the existing building and the storage rooms. In this design Hertzberger was inspired by the long *galeries* of the Louvre.

Diagrams
1 Longitudinal view of museum 'avenues'
2 View through wall openings
3 Idem, at right angles to main route
4 Subdivision of exhibition spaces
5 Chronological circuit
6 Floor arrangement in terraces

First floor plan
1 Exhibition area
2 Void
3 Gallery
4 Restaurant
5 Lift
6 Ramp
7 Interior garden courtyard
8 Existing buildings

Esplanade Film Centre 1986

■ 'Filmhaus Esplanade' consists of an academy, a museum, a library, central service spaces, administration and reception areas with a café-restaurant, as well as premises for hire; all connected with film production, promotion and exploitation. The competition held for this multifunctional complex stipulated a location nearby Berlin's Kulturforum, on which the Philharmonie, Staatsbibliothek and Nationalgalerie had already been realized. The shell of the former Hotel Esplanade had to be incorporated into the design. As the old Hotel was quite a long way from the nucleus of the Kulturforum, Hertzberger had an elongated wing (for the film academy) straddle the existing Magnetbahn towards this nucleus. The head elevation would comprise a lofty well-lit entrance hall functioning as a beacon at night, topped by an illuminated news disseminator. Thus the new block would serve as a bridge to the Kulturforum. The complex was further conceived as a conglomeration of individual units interlinked by roofed walkways or arcades. For the shape of the 'satellites' (including the museum and library) Hertzberger chose the cylinder, though one from which parts have been removed. The basic form of the former hotel was retained for housing representative and restorational functions. The large courtyard formed by the plan might be used for holding open-air film shows. With the oblong 'bridge' over the Magnetbahn towards the Kulturforum, however, Hertzberger had exceeded the limits of the site prescribed by the competition. So in the second, prize-winning design – for which it was stipulated that he confine himself to these limits – Hertzberger laid this elongated section over the Hotel Esplanade and rearranged the satellites accordingly. Since then the demise of the Berlin wall has made a further rearrangement desirable as part of the restructuring of Potzdamer Platz.

Site plan
1 Nationalgalerie
2 Philharmonie
3 Staatsbibliothek
4 Filmhaus Esplanade

Plan
1 Entrance to film academy
2 Exhibition area
3 Restaurant
4 'Kaisersaal'
5 Library
6 Museum
7 Studio
8 Archives/work space
9 'Hof'
10 'Arsenal' cinema
11 Bellevuestrasse

Perspective

North elevation

South elevation

Zuiderpolder Waterhouses 1986

■ Within the context of the housing projects being realized in the Zuiderpolder area of Haarlem Hertzberger came up with a new angle: why not design houses which (in view of the nationwide scarcity of land for building) float on the water? Once it has been established with certainty that several hundred such dwellings could be produced, sited and sold these 'waterhouses' need be no more expensive than an ordinary house in a terrace. And then there is the added advantage of living in freedom and independence – no noise hindrance to others, orientation in any desired direction and in principle the ability to change site. An essential condition, however, is that the Municipality provide an infrastructure in the form of jetties with road access and a link-up with power and water supplies and drainage. The houses are to rest on concrete floats filled with insulating material. According to Hertzberger's design they would be cylindrical with a projecting entrance platform and terrace. The subdivision of the two living levels provided could differ according to wish, such as bedrooms on either the lower or upper floor, a division into two single-person units, or provision of the carcase alone for completion by the occupant. The circular plan is a theme that has fascinated Hertzberger since the Amsterdam Town Hall design and was obviously stimulated anew by his having seen (in 1983) Mario Botta's Casa Rotonda. It calls forth new ways of subdividing a plan with a given outline according to the traditional procedures of the 'plan libre'. The exterior would need facing with corrugated metal sheeting, the interior with wood. The cavity between the two leaves could then be filled with an insulator. The initial stage, however, is to wait for a project developer to make the all-important first move.

Shore link variations
1 Hinged gangplank
2 Jetty with semicircular projection
3 Hinged gangplank Semicircular projecting entrance platform

Entrance-side elevation

Terrace-side elevation

Section

Ground floor plan
1 Gangplank
2 Entrance platform
3 Entrance
4 Bedroom
5 Terrace

Upper floor
6 Landing
7 Kitchen
8 Living room
9 Dinette

Plan of roof garden

Extension to School 1988-1989

■ Here in Aerdenhout the existing building, which was partly demolished, had too few and too small classrooms. Originally the intention was to demolish it completely. Because of the tightest of budgets the architect managed to persuade the clients to leave standing a large part of the old building. This situation provided the stimulating challenge of finding a form that would respond to the retained section and the surroundings. Introduced on the side where the square curves was a half-cylinder with two levels each containing a pair of classrooms. The response on the side overlooking a white villa was a block-form accommodating in like fashion a further four classrooms. Between these elements a miracle took place – a wedge-shaped hall with a roof borne aloft by freestanding columns and daylight entering through the partial glazing of this roof and through the hall's glass extremities. This space in turn pours light into the classrooms which are separated from it by glass. This is particularly evident in the case of the two upper classrooms in the half-cylinder, which only have small windows in the side on the square and would otherwise be insufficiently lit. If these main issues were not subtle enough, they are supplemented by all manner of felicitous detail characterizing most of Hertzberger's work, like the arrangement of cloakrooms and glass display cases at classroom entrances, the duality of direction expressed in the floor surface of the bridge linking the two blocks through a combination of glass and moulded rubber sheet, or the mosaics made by the pupils under the guidance of Akelei Hertzberger. There are in addition elements new to Hertzberger's work, such as the glossy black wood finish to the half-cylinder and all avoidance of the customary massiveness, for instance at the metal stair and the reinforced concrete columns which all at once taper to slender steel apexes. In this extension Hertzberger strove to achieve more effect with less 'donkeywork', yet seems not entirely to have overcome the fear of doing too little.

Site plan
1 Existing school
2 New building
3 Mr. Enschedéweg
4 Schulpweg
5 Bentveldsduinweg

Ground floor plan
1 Entrance
2 Cloakroom
3 Classroom
4 Documentation centre
5 Head teacher's study
6 Staffroom
7 Games room
8 Changing room
9 Main school hall

First floor plan
10 Handwork room
11 Bridge
12 Roof garden

Long section
1 View of existing section
2 Section through new building

Design for Bibliothèque de France 1989

■ Hertzberger explains this design as follows: 'Whenever the task is to make a library, an institute not only for people who intend to use it but as much, if not more, for all those who have yet to discover it, what is needed is a building as accessible as can be, a building that can help its visitors to find what they are looking for, even if this should be a needle in a haystack, and instil in them new ideas. The new library should not only serve up cultural repast but create an appetite for it too. The building consists primarily of a glass-covered hall, which in terms of sheer size surpasses the Grand Palais. This hall forms the great roof beneath which the various oblong library units are housed, parked as it were like enormous trucks, containers, trains, bookcases; and certainly inspired by the great reading room in the Bibliothèque Ste-Geneviève, but then subdivided according to need.' The reading room in question in Labrouste's Bibliothèque is perhaps – after Chareau and Bijvoet's Maison de Verre, also in Paris – the architectural space Hertzberger holds most dear. He is particularly affected by the way the stone architecture combines with the iron roofs it supports. Echoes of this last-named property in his design for a 'Palais de Livres', as he calls it, are fairly indirectly expressed. In terms of the rest of his output this one is a relatively 'technical' design. The visitor enters the reception hall, which is conceived in public terms as a roofed town square, with all manner of 'urban' facilities. He then passes through gates like those at an airport to the individual units. Each of these containers can be subdivided and equipped to suit its function. Thus a capacity for change and with it flexibility forms an integral component of this design.

H. Labrouste, Bibliothèque
Ste-Geneviève, Paris 1843-50

First floor plan
1 Forecourt
2 Central hall
3 Information centre
4 Café
5 Catalogue centre
6 Congress centre
7 Library information area
8 Void

Basic plan of library department

Possible arrangements of departments
Recent acquisitions
Audiovisual library
Research library
Reference library
Children's library

Design for Kulturzentrum am See 1989

■ The site of this competition entry for a new cultural centre for Lucerne is Europaplatz, at the place where the river Reuss flows into the Vierwaldstätter See. The centre was to include three concert halls, one large, one small and one medium-sized, as well as a 'Stadthalle', restaurant and related spaces, with terraces on the side facing the lake. It was the location that Hertzberger considered the greatest challenge, situated as it was in the heart of the city and yet on the water – and surrounded by mountains too. It was also an opportunity to replan Europaplatz, with the front of the central station and main post office, to more telling effect. He added a pedestrian zone providing extra space for ship's passengers at the landing stages. From the plans we might not immediately recognize the hand of Hertzberger. For here is a radiating series of spaces on the lake that recalls the arrangement of roofs in Utzon's Opera House at Sydney. (Preliminary designs for these spaces even reveal plan forms with outlines combining segments of circles.) Hertzberger is exploring new dimensions here too. Yet from the explanatory notes it transpires that several tried and trusted principles have not been ditched. Still standing at the site of the new Kulturzentrum is the old 'Kunst- und Kongresshaus'. Hertzberger expects it to be able to continue functioning during construction of the new centre. Moreover he feels that his design can be easily realized in stages. It retains the basement level of the existing building, which can house restaurant services and support the café terrace above. The designer seems here to have relinquished something of his usual approach and to have permitted himself a new freedom. This would explain why the floor plans respond so suggestively to their lakeside location.

Site plan
1 Vierwaldstätter See
2 Railway Station
3 Zentralstrasse
4 Bahnhofstrasse
5 Seebrücke
6 Schweizerhofquai

Plan of foyer and lobby
1 Foyer
2 Café-restaurant

Site plan
1 Kulturzentrum
2 Pavement café
3 Square
4 Landing stage
5 Car-park entrance
6 Bus station
7 Entrance to Metro
8 Station hall
9 Existing buildings

Ministry of Social Welfare and Employment 1979-1990

■ Brought into use in the autumn of 1990, the Ministry building is situated opposite the 'Laan van NOI' railway station in The Hague. It houses some two thousand officials following a flexible subdivision in sixteen octagonal towers, each level of which can accommodate at least thirty work spaces. The total layout is symmetrical, with less-tall towers on the city side. For the first time in Hertzberger's work there is a single, easily discernible main entrance, facing the station. It is even accentuated by a gateway. The car park beneath the building offers access – again, via the main entrance – to the central lobby, where a pair of escalators axially oriented rise to the level above. From there a further pair branches out symmetrically to the left and right halves of the building. Thus the user enters in one move, passes through security and can then continue to the required department. The windows of each unit open outwards. (Hertzberger considers buildings whose windows cannot open as 'old-fashioned'.) This is one reason why the Ministry building has not been made too tall. The facades are turned inwards to avoid the need for internal courts and subjected to a series of 'excisions' to permit a maximum of daylight penetration. Such a high level of detailing of both the volume and the spacious semi-public interior zones do mean more work for the designer than when opting for the customary box-form. Nonetheless Hertzberger managed to keep within the prescribed 11 m² clear work space plus 5 m² additional surface area per person (e.g. in the staff restaurant), nor were the building costs excessive.

Junctions of beams and columns

Section

Plan of second level
1 Central hall/void
2 Escalator
3 Hall with lifts to office departments
4 Interior garden courtyard and coffee bar
5 Conference hall
6 Office

Plan of third level

Possible subdivisions of office units
1 Rooms only
2 30% open-plan offices
3 60% open-plan offices
4 Open-plan offices only

Curriculum Vitae

1932
Born in Amsterdam
1958
Graduates from Delft Technical University
1958
Sets up his own office
1959-1969
On editorial board of Forum (with Aldo van Eyck, Jaap Bakema and others)
1965-1969
Lectures at Academy of Architecture in Amsterdam
Since 1970
'Extraordinary professor' at Delft Technical University (now Delft University)
1979
Member of advisory committee for award of the Merkelbach Prize 1979
Since 1986
'Extraordinary professor' at Université de Genève
Since 1990
Chairman of the Berlage Institute, Amsterdam

Guest Professorships

1966-1967, 1970, 1977, 1980
M.I.T., Cambridge (U.S.A.)
1968
Columbia University, New York (U.S.A.)
1969-1971, 1974
Toronto University (Canada)
1978
Tulane University, New Orleans (U.S.A.)
1979
Harvard University, Massachusetts (U.S.A.)
1981
University of Pennsylvania (U.S.A.)
1982-1986
Université de Genève (Switzerland)
1987
Various universities in the U.S.A.

Awards

1968
City of Amsterdam Prize for Architecture for the students' house in Weesperstraat
1974
Eternit Prize for Centraal Beheer office building at Apeldoorn
Fritz-Schumacher Prize for his complete oeuvre
1980
A.J. van Eck Prize for Vredenburg Music Centre, Utrecht
Eternit Prize (honorary mention) for Vredenburg Music Centre
1985
Merkelbach Prize, architectural award by the City of Amsterdam; for the Apollo Schools
First prize in competition for Filmhaus Esplanade project in West Berlin
1988
Merkelbach Prize for De Evenaar school in Amsterdam
1989
Richard Neutra Award for Professional Excellence
Berliner Architekturpreis awarded by West Berlin; for the LiMa housing project on Lindenstrasse/Marktgrafenstrasse in Berlin
1991
Premio Europa Architettura (Europa Prize)

Exhibitions

1967
Biennale des Jeunes, Paris
1968
Stedelijk Museum, Amsterdam
1971
Historisch Museum, Amsterdam
1976
Venice Biennale
Stichting Wonen, Amsterdam
1980
Kunsthaus, Hamburg
1985
Stichting Wonen, Amsterdam
Frans Hals Museum, Haarlem
'Architektur und Städtebau, Niederlande 1940-1980', Historical Archive, Cologne
'Herman Hertzberger. Bauten und Projekte, Internationale Bauausstellung, Berlin
From 1985
'Six architectures photographiées par Johan van der Keuken', travelling exhibition of older realized projects, with more recent competition projects added in 1986
1986
Fondation Cartier, Jouy-en-Josas
'Lieux de Travail', Centre Pompidou, Paris
'Il luogo del lavoro', Milan Triennale
From 1986
'Herman Hertzberger', travelling exhibition
1987
M.I.T., Cambridge and various other universities in the U.S.A.
Stichting Wonen, Amsterdam
'Herman Hertzberger Architektura', Zagreb, Yugoslavia
1988
New York State Council of the Arts, New York
1989
Global Architecture International, Tokyo
Institut Français d'Architecture, Paris
'Herman Hertzberger: opere recenti', Palazzo Taverna, Rome

Projecten

De jaartallen geven de periode aan van de aanvang van de werkzaamheden van de architect, c.q. aanvaarding opdracht tot aan het einde daarvan c.q. de eindoplevering van het gebouw.

Uitgevoerde projecten

1959-1966
Studentenhuis, Amsterdam (prijsvraag)
1960-1966, 1968, 1970, 1981
Lagere Montessorischool, Delft
1962-1964
Fabrieksuitbreiding NV LinMij, Amsterdam
1964-1974
De Drie Hoven, gebouwencomplex voor bejaarden, Amsterdam
1966
Verbouwing woonhuis Bon, Laren
1968-1970
Uitbreiding Lagere Montessorischool, Delft
1968-1972
Kantoorgebouw Centraal Beheer, Apeldoorn (in samenwerking met Lucas & Niemeijer)
1969-1970
Experimentele woningbouw (type Diagoon), Delft
1972-1974
Wijkgebouw De Schalm, Deventer
1973-1978
Muziekcentrum Vredenburg, Utrecht
1977-1981
Tweede uitbreiding Montessorischool, Delft
1978-1980
Woonbuurt Opperend (42 woningen), Westbroek
1978-1982
Stadsvernieuwing Haarlemmer Houttuinen (75 woningen), Amsterdam
1979-1982
Woningbouw, Kassel-Dönche
1979-1990
Ministerie van Sociale Zaken en Werkgelegenheid, Den Haag
1980-1982
Stedebouwkundige onderdelen Vredenburgplein, Utrecht
1980-1983
Apolloscholen: Amsterdamse Montessorischool en Willemsparkschool, Amsterdam
1980-1984
Bejaardentehuis De Overloop, Almere-Haven
1982-1986
Woningencomplex LiMa, Berlijn
1984-1986
Openbare Basisschool De Evenaar, Amsterdam
1986-1989
Woningbouw Het Gein (406 eengezinswoningen en 52 appartementen), Amersfoort
1988-1989
Uitbreiding basisschool, Aerdenhout
1989-1990
Woonwerkhuis/Atelier 2000, 16 woningen in de Muziekwijk, Almere-Stad

Projecten in voorbereiding

1986-
Filmcentrum Esplanade, Berlijn
1986-
Waterwoningen, experimentele woningbouw Zuiderpolder, Haarlem
1986-
Theatercentrum aan het Spui, Den Haag
1988-
Woningbouwproject Koningscarré, Haarlem
1988-
Woningbouwproject Amsterdamse Buurt, Haarlem
1989-
Stedebouwkundige studie Maagjesbolwerk, Zwolle
1989-
Stedebouwkundige studie Jekerkwartier, Maastricht
1989-
Stedebouwkundige studie Merwestein Noord, Dordrecht
1990
Uitbreiding Centraal Beheer, Apeldoorn
Uitbreiding muziekcentrum Vredenburg, Utrecht
Kantoorgebouw Benelux Merkenbureau, Den Haag
Woontoren, Mediapark Keulen
11 Woningen in de Parkwijk, Almere-Stad
Zestienklassige Basisschool in de Parkwijk, Almere-Stad

Niet-uitgevoerde projecten

1964
N.H. Kerk, Driebergen (prijsvraag)
1966
Stadhuis, Valkenswaard (prijsvraag)
1967
Stadhuis, Amsterdam (prijsvraag)
1968
Woningbouw type Monogoon
1969-1973
Stedebouwkundig plan voor stadsuitbreiding en structuurplan, Deventer
1970
Stedebouwkundig ontwerp Nieuwmarkt, Amsterdam (meervoudige opdracht)
1971-1972
Doelstellingennota binnenstad Groningen (in samenwerking met De Boer, Lambooij, Goudappel e.a.)
1974
Binnenstadplan Eindhoven (in samenwerking met architectengemeenschap Van den Broek en Bakema)
1975
Woningen/winkels/parkeergarage bij Musis Sacrum en vernieuwing Musis Sacrum, Arnhem
Stedebouwkundig advies voor de universiteit van Groningen
Voorstel voor universiteitsbibliotheek, waarin opgenomen negentiende-eeuwse Broederkerk, Groningen
1976
Instituut voor Oecologisch onderzoek, Heteren
1977
Stedebouwkundig plan Schouwburgplein, Rotterdam
1978
Bibliotheek en leeszaal, Loenen a/d Vecht
1979
Uitbreiding NV LinMij, Amsterdam
1980
Stedebouwkundig ontwerp Römerberg, Frankfurt am Main (prijsvraag)
Bebouwingsvoorstel Forumgebied, Den Haag
Woningbouw Spandau, Berlijn
1982
Kinderdagverblijf, Berlijn (prijsvraag)
1983
Stedebouwkundig ontwerp Keulen/Mülheim-Nord (prijsvraag)
Kantoorgebouw Friedrich Ebert Stiftung, Bonn (prijsvraag)
Kantoorgebouw Grüner & Jahr, Hamburg (prijsvraag)
1984
Uitbreiding Kunstacademie Sint-Joost, Breda
1985
Kantoorgebouw Stadtwerke, Frankfurt am Main (prijsvraag)
Uitbreiding stadhuis, Saint-Denis (prijsvraag)
1986
Stedebouwkundig ontwerp Bicocca-Pirelli, Milaan (prijsvraag)
Gemäldegalerie, Berlijn (prijsvraag)
1988
Woningbouwproject Staarstraat, Maastricht (prijsvraag)
Kantoorgebouw voor fa. Schering, Berlijn (prijsvraag)
1989
Bibliothèque de France, Parijs (prijsvraag)
Kulturzentrum am See, Luzern (prijsvraag)
Straatmeubilair aan de rivier, Rotterdam (prijsvraag)
1990
Agentschap voor de Nederlandsche Bank, Wassenaar (prijsvraag)
Woningbouwproject en Kinderdagverblijf, Mediapark Keulen (prijsvraag)

Medewerkers architectenbureau Herman Hertzberger

Jan Beckers, Ruud van Eck, Roos Eichhorn, Dolf Floors, Pia Elia, Cor Kruter, Christine Machynia, Marijke Teijsse-Braat, Heleen Reedijk, Folkert Stropsma, Marieke van Vlijmen, Henk de Weijer, Dickens van der Werff, Willem van Winsen

Oud-medewerkers

o.a. Rob Bannink, Jan van den Berg, Loes Blokker, Rob Blom van Asseldelft, Frans Bosch Reitz, Helen Dahm, Boudewijn Delmee, Roswitha Düsterhöft, Andrea Fenwick Smith, Madeleine Haag, Hein de Haan, Hylke Hoekstra, Janet Hortulanus, Manfred Kausen, Jan Koning, Bill Lobb, Ellen van der Meiden, Mathis Müller, Rob Nord, Menno Ongering, Guido van Overbeek, Wim Oxener, Jan Peters, Dennis Pieprz, Caroline van Raamsdonk, Rijk Rietveld, Jan Rietvink, Hans Schotman, Anne-Margreet Six-van Krimpen, Stephanie Smith, Margaret Sobieski, Ad Schreuder, Robert Stoek, George Thie, Rugier Timmer, Niek van Vugt, Rogier Weynand

Bibliografie

Teksten van Herman Hertzberger

- 'Weten en geweten', *Forum* 1960/61 nr. 2, 46-49
- 'Verschraalde helderheid', *Forum* 1960/61 nr. 4, 143-144
- 'Naar een verticale woonbuurt', *Forum* 1960/61 nr. 8, 264-273
- 'Flexibility and polivalency', *Ekistics* 1963 april, 238-239
- 'Form und Programm rufen sich gegenseitig auf', *Werk* 1968 nr. 3, 200-201
- 'Some notes on two works by Schindler', *Domus* 1967 nr. 9, 2
- 'Looking for the beach under the pavement', *RIBA Journal* 1971 nr. 2
- 'Huiswerk voor meer herbergzame vorm', *Forum* 1973 nr. 3, 12-13
- 'De te koop gegrepen doelstelling', *Wonen-TABK* 1974 nr. 14, 7-9
- 'Strukturalismus – Ideologie', *Bauen + Wohnen* 1976 nr. 1, 21-24
- 'El deber para hoy: hacer formas más hospitalarias', *Summarios* 1978 nr. 18, 332
- 'De traditie van het nieuwe bouwen en de nieuwe mooiigheid' in: Haagsma, I., H. de Haan, *Wie is er bang voor nieuwbouw?*, Amsterdam 1980, 149-154
- 'Ruimte maken, ruimte laten', *Studium Generale Vrije Universiteit Amsterdam. Wonen tussen utopie en werkelijkheid*, Nijkerk 1980, 28-37
- 'Shaping the Environment', in: Mikellides, B. (ed), *Architecture for People*, Londen 1980, 38-40
- 'Motivering van het minderheidsstandpunt', *Wonen-TABK* 1980 nr. 4, 2-3
- 'Un insegnamento da San Pietro', *Spazio e Società* 1980 nr. 11, 76-83
- 'La tradizione domestica dell'architettura "eroica" olandese', *Spazio e Società* 1981 nr. 13, 78-85
- *Het openbare rijk* (Collegedictaat deel A), TU Delft 1982
- 'Het twintigste-eeuwse mechanisme en de architectuur van Aldo van Eyck', *Wonen-TABK* 1982 nr. 2, 10-19
- 'Einladende Architektur', *Stadt* 1982 nr. 6, 40-43
- 'De schetsboeken van Le Corbusier', *Wonen-TABK* 1982 nr. 21, 24-27
- 'Montessori en Ruimte', *Montessori Mededelingen* 1983 nr. 2, 16-21
- 'Une ruehabitation à Amsterdam', *L'Architecture d'Aujourd'hui* 1983 nr. 225, 56-63
- 'Le Royaume Public' en 'Montagnes dehors montagnes dedans' in: Johan van der Keuken, Brussel 1983, 88-118 en achterblad
- 'Una strada da vivere. Houses and streets make each other', *Spazio e Società* 1983 nr. 23, 20-33
- *Ruimte maken, ruimte laten* (Collegedictaat deel B), TU Delft 1984
- 'Over bouwkunde, als uitdrukking van denkbeelden', *De Gids* 1984 8/9/10, 810-814. Speciale uitgave: 'Het pak van Sjaalman'
- 'L'espace de la Maison de Verre', *L'Architecture d'Aujourd'hui* 1984 nr. 236, 86-90
- Lezing, resumé afgedrukt in: *Indesem 85, Right Size or Right Size*, TU Delft 1985, 46-57
- 'Stadtverwandlungen', *Materialien* 1985 nr. 2 (Reader van de Hochschule der Künst-Berlin), 40-51
- 'Biennale de Paris, Architecture 1985', tentoonstellingscatalogus, Luik/Brussel 1985, 30-35
- 'Architectuur en constructieve vrijheid', *Architectuur/Bouwen* 1985 nr. 9, 33-37
- 'Schelp en kristal', in: Strauven, F., *Het Burgerweeshuis van Aldo van Eyck*, Amsterdam 1987, 3
- 'Henri Labrouste. La réalisation de l'art', *Techniques & Architecture* 1987/88 nr. 375, 33
- 'The space mechanism of the twentieth century or formal order and daily life; front sides and backsides', in: *Modernity and Popular Culture* (over Alvar Aalto Symposium), Helsinki 1988, 37-46
- Lezing, resumé afgedrukt in: *Indesem 87*, TU Delft 1988, 186-201
- *Uitnodigende Vorm* (Collegedictaat deel C), Delft 1988
- 'Das Schröder-Haus in Utrecht', *Architese* 1988 nr. 5, 76-78
- 'Het St.-Pietersplein in Rome. Het plein als bouwwerk', *Bouw* 1989 nr. 12, 20-21

Interviews met Herman Hertzberger

- Berg, T. van den, D. Schaap, 'Architect Herman Hertzberger', *Wonen* 1971 nr. 3/4, 6-11
- Rooij, M. van, 'Architectuur als bijzaak', *NRC Handelsblad* 25-8-1972
- Westerloo, G. van, 'Herman Hertzberger: "Het beste openbaar vervoer: alle mensen een bromfiets en een regenjas cadeau"', *Vrij Nederland* 22-6-1974
- Blatter, M.L., 'Einladende Architektur', *Basler Magazin* 18-12-1982
- Ginneken, L. van, 'Hertzberger over classicisme', *Kunstschrift* 1983 nr. 2, 58-61
- Fillion, O., 'Herman Hertzberger', *CREE-Architecture Intérieure* 1984 okt./nov., 92-101
- Lopez, C., 'Allers/Retours. Entretien avec Herman Hertzberger et Johan van der Keuken', *Faces* 1985 nr. 0, 4-12
- Meyer, I., 'Twee kanten', *Vrij Nederland* 11-5-1985
- Hoyet, J-M., A. Pélissier, 'Entretien avec Herman Hertzberger' *Techniques & Architecture* 1985 nr. 362, 72-85
- Burkhardt, B., 'Atelier 5' Gesprek met Hertzberger: 'Antitypologische Prototypen', Zürich 1986
- Lagerwerff, F., 'Er zal toch wel iemand over de Stopera nagedacht hebben', *Muziek & Dans* 1986 nr. 8, 4-7
- Boering, E., 'Een architect behoort te observeren' in: *Blijven Bouwen. Stadsvernieuwing in de jaren negentig*, Amsterdam 1987, 42-47
- Bollerey, F., '...ich will den Menschen keine Konzepte aufzwingen', *Bauwelt* 1987 nr. 17/18, 637-643
- Duffy, F., 'Hertzberger on the slow track', *The Architects' Journal* 1988 nr. 2, 36-41
- Pélissier, A., 'De la structure à la synthèse', *Techniques & Architecture* 1988 nr. 376, 111-123
- Bersano, C., P. Hogge, C. Widmann, 'Entretien avec Herman Hertzberger', *Architecture & Comportement / Architecture & Behaviour* 1988 nr. 4, 335-348
- Carlo, L. De, M. Imparato, E. Masoero, M. Mazzolani, 'L'intervista', *Spazio e Società* 1988 nr. 43, 6-23
- Smit, S., 'Geesteskind van Herman Hertzberger voor Peter Smids een lastige geliefde', *Muziek & Dans* 1989 nr. 2, 46
- Woolley, T., 'Herman Hertzberger: the architecture of optimism', *Architecture Today* 1989 nr. 9, 24-27
- Selier, H., 'Berlage Instituut in Burgerweeshuis', *De Architect* 1989 nr. 10, 46-49
- Croset, P.-A., 'Una conversazione con Herman Hertzberger', *Casabella* 1990 nr. 568, 4-11, 59

Artikelen over Herman Hertzberger

- Lifchez, R., 'Buildings designed as street', *Architectural Record* 1968 nr. 7, 113-120
- Lüchinger, A., 'Strukturalismus – Architektur als Symbol der Demokratisierung', *Bauen + Wohnen* 1974 nr. 5, 209-212
- Lüchinger, A., 'Strukturalismus – eine neue Strömung in der Architektur', *Bauen + Wohnen* 1976 nr. 1, 5-20
- Bohigas, O., 'Dos obras de Herman Hertzberger. Variaciones de Hertzberger sobre temas del Team 10', *Arquitecturas* 1976 nr. 11, 17-26
- 'Focus: Herman Hertzberger, Dutch Architect', *A+U* 1977 nr. 75, themanummer over Hertzberger
- Pruys, S.M., 'Hoog of laagbouw. De erfenis van de Forumgroep wordt thans te gelde gemaakt', *Kunstschrift* 1978 nr. 1, 34-47
- Dijk, H. van, 'Herman Hertzberger. Architectural principles in the decade of Humanism', *Dutch Art + Architecture Today* 1979 nr. 6, 25-35
- Taylor, J., 'The Dutch Casbahs', *Progressive Architecture* 1980 nr. 3, 86-97
- Haan, H. de, I. Haagsma, 'H. Hertzberger. "Een architect moet zich bezig houden met omgangsvormen"', in: *Wie is er bang voor nieuwbouw*, Amsterdam 1981, 141-148
- Lüchinger, A., *Strukturalismus in Architektur und Städtebau*, Stuttgart 1981, 52-58, 81-83, 115-119
- 'Recent works of Herman Hertzberger', *A+U* 1983 nr. 159, 39-74
- Descombes, e.a., *Herman Hertzberger, Six Architectures photographiées par Johan van der Keuken*, Milaan 1985
- Hartog-Dahm, H. den, 'Die Gestalt des Zwischen. Zu den Wohnbauten von Herman Hertzberger', *Archithese* 1985 nr. 2, 11-17
- Buchanan, P., 'Housing in Haarlemmer Houttuinen and Apollo Schools', *The Architectural Review* 1985 nr. 1055, 25-30
- Buchanan, P., 'Housing a possible public realm?', en 'Kassel Lesson', *The Architectural Review* 1985 nr. 1064, 23-25, 43-45
- Kloos, M., 'De voordeur speelt verstoppertje', *De Volkskrant* 15-11-1985
- Hartog-Dahm, H. den, 'Bauliche Struktur und architektonische Handschrift. Zum Werk von Herman Hertzberger', *Archithese* 1986 nr. 2, 37-40
- Petrilli, A., 'Libri', *Spazio e Società* 1986 nr. 33, 52-53
- Frampton, K., 'Het structurele regionalisme van Herman Hertzberger. De bestaansreden van de architect in een getayloriseerd tijdperk', *Archis* 1986 nr. 12, 8-13
- Dijk, H. van, 'Hertzbergers huizen. De mogelijkheden en grenzen van een leidend thema', *Archis* 1986 nr. 12, 14-37
- Kloos, M., 'Het laboratorium van de architect. Prijsvraagprojecten in het oeuvre van Herman Hertzberger', *Archis* 1986 nr. 12, 38-42
- Lüchinger, A., *Herman Hertzberger; Bauten und Projekte, 1959-1986*, Den Haag 1987
- Plummer, H.S., 'Liberative Space', *Journal of Architectural Education* 1987 nr. 3, 12-23
- Weston, R., 'Speaking Volumes', *Building Design* 5-6-1987
- Buchanan, P., 'Three Dutch Architects', *AA Files* 1987 nr. 16, 7-11
- Buchanan, P., 'Courts explored' en 'Proud on the Plein', *The Architectural Review* 1987 nr. 1085, 63-65, 66-70
- Weston, R., 'A question for Herman', *The Architects' Journal* 1987 nr. 48, 24-26
- Robert, J.-P., H. Hertzberger, 'Herman Hertzberger, un mécanicien de l'architecture en movement' *L'Architecture d'Aujourd'hui* 1988 nr. 257, 89-95
- Lutz, H., 'Hertzberger houdt eerste Rietveldlezing: "Ruimte voor de mens, daar gaat het om in de architectuur"', *Utrechts Nieuwsblad* 25-6-1988
- Deen, W., 'Hertzberger; between structure

and the city' in: *Alice in Waterland, deel II*, Delft 1989, 67-77
- Buchanan, P., 'Forum Fellowship; Herman Hertzberger', *The Architectural Review* 1990 nr. 1116, 58-69

Artikelen over projecten van Herman Hertzberger

Studentenhuis, Amsterdam, 1959-1966
- 'Studentenhuis te Amsterdam', *Bouw* 1964 nr. 40, 1400
- Koord, M.,'De vernieuwde Weesperstraat', *Ons Amsterdam* 1965 nr. 10, 297-298
- 'Meubelen in het studentenhuis Weesperstraat', *Goed Wonen* 1966 nr. 9, 2-19, 32
- Röling, W., 'Studentenhuis Weesperstraat', *Bouwkundig Weekblad* 1966 nr. 24, 412-424
- Hertzberger, H., 'Student House in Amsterdam', *Domus* 1967 nr. 454, 9-18
- 'Studentenhaus in Amsterdam', *Werk* 1968 nr. 5, 310-312
- Hertzberger, H., 'Zentrum im Zentrum', *Baumeister* 1968 nr. 8, 897-902
- Vanstaen, A., 'TABK-Team produktie', *TABK* 1970 nr. 23, 549-552
- Allen, P., W. Mullins, *Student Housing*, London 1971
- Dahinden, J., G. Kühne, *Neue Restaurants*, Stuttgart 1973

Lagere Montessorischool, Delft, 1960-1966, 1968, 1970, 1981
- *Goed Wonen* 1967 nr. 8
- Beerends, A.V., 'Herman Hertzberger', *TABK* 1967 nr. 20, 445-463
- Hertzberger, H., 'Lagere school voor Montessori onderwijs te Delft', *Bouwkundig Weekblad* 1968 nr. 9, 152-156
- Hertzberger, H., 'École primaire Montessori: Delft, Hollande', *L'Architecture d'Aujourd'hui* 1968 nr. 141, XVII-XVIII
- Hertzberger, H., 'Montessori Primary School in Delft, Holland', in: *Harvard Educational Review: Architecture and Education* 1969 nr. 4, 8-67
- Peters, P., 'Klassen-Häuser im Haus', *Baumeister* 1969, 772-774

Fabrieksuitbreiding NV LinMij, Amsterdam, 1962-1964
- Hertzberger, H., 'Uitbreiding LinMij te Amsterdam', *Bouwkundig Weekblad* 1966 nr. 4, 60-64
- 'Erweiterung der Wäscheverleihanstalt und Wäscherei LinMij, Amsterdam', *Werk* 1966 nr. 11, 433-435
- 'Industrie', *L'Architecture d'Aujourd'hui* 1967

De Drie Hoven, gebouwencomplex voor bejaarden, Amsterdam, 1964-1974
- 'Beeldreportage gebouwencomplex de Drie Hoven', *De Architect* 1975 nr. 4
- Heuvel, W.J. van, 'De Drie Hoven. Herbergzaam wonen voor bejaarden', *Polytechnisch Tijdschrift* 1975 nr. 17, 545-555
- Hertzberger, H., 'Amsterdam-Slotervaart Altersheim "De Drie Hoven"', *Bauen + Wohnen* 1976 nr. 1, 12-18
- Hertzberger, H., 'Altersheim in Amsterdam', *Baumeister* 1976 nr. 2, 132-136
- Hertzberger, H., 'Wie eine Kleinstadt', *Kunst und Kirche* 1976 nr. 2, 73-74
- 'De Drie Hoven at Amsterdam Slotervaart', *Lotus International* 1976 nr. 11, 128-134
- Lyall, S., 'The open refuge', *The Architectural Review* 1976 nr. 948, 68-82
- 'Old people in Amsterdam', *Domus* 1977 nr. 569
- Goldenberg, L., *Housing for the Elderly*, New York 1981, 107-109, 118

Stadhuis, Valkenswaard, 1966 (prijsvraagontwerp, niet uitgevoerd)
- Volkert, A., 'Een raadhuis voor Valkenswaard', *TABK* 1966 nr. 4, 72-79
- Hertzberger, H., 'Het glazen slot', *TABK* 1967 nr. 5, 96-103
- 'Entwürf für ein Rathaus in Valkenswaard, Holland', *Bauen + Wohnen* 1967 nr. 11
- Hertzberger, H., 'Toelichting en beoordelingsrapport van "Het Glazen Slot"', *Bouwkundig Weekblad* 1967 nr. 20, 334-337
- 'Rathaus in Valkenswaard, Holland', *Baumeister* 1969 nr. 3, 322

Stadhuis, Amsterdam, 1967 (prijsvraagontwerp, niet uitgevoerd)
- 'Toelichting ontwerp ir. Herman Hertzberger', *TABK* 1969 nr. 1, 21-25
- 'Een stadhuis voor Amsterdammers. Toelichting van ir. Herman Hertzberger', *Forum* 1969 (extra nummer) mei, 26
- Heuvel, W.J. van, 'Structuralisme: een stadhuis als huis voor de stad', *Polytechnisch Tijdschrift* 1981 nr. 12, 638-644

Kantoorgebouw Centraal Beheer, Apeldoorn, 1968-1972 (in samenwerking met Lucas & Niemeijer)
- Tricht, J. van, 'Centraal Beheer', *Plan* 1970 nr. 5, 328-340
- Heuvel, W.J. van, 'Hoofdkantoor voor Centraal Beheer in Apeldoorn', *Polytechnisch Tijdschrift* 1970 nr. 16, 647, 656
- 'Veränderung als Dauerzustand', *Bauwelt* 1971 nr. 30, 1217-1221
- 'Ensemble de Bureaux', *L'Architecture d'Aujourd'hui* 1972/1973 nr. 165, 104-107
- Werkman, G., G. Jonkers, 'Centraal Beheer', *Bouw* 1973 nr. 5, 147-170
- Beerends, A., 'Valkenswaard-Amsterdam-Apeldoorn, de hink-stap-sprong van Herman Hertzberger', *Wonen-TABK* 1973 nr. 5, 9-21
- Hertzberger, H., 'Het gebouw als instrument voor de bewoners', *Wonen-TABK* 1973 nr. 5, 22
- Hertzberger, H., 'An office building for 1000 people, in Holland', *Domus* 1973 nr. 522, 17
- Blijstra, R., 'Apeldoorn. Centraal Beheer en omgeving' artikelenreeks in *Polytechnisch Tijdschrift* 1973 nr. 24, 785-795, 1973 nr. 26, 853-861, 1974 nr. 3, 69-77
- Hertzberger, H., 'Pour un habitat plus accueillant', *Le Carré Bleu* 1974 nr. 2, themanummer
- Mellor, D., 'Hertzberger', *Architectural Design* 1974 nr. 2, 108-117
- Laaksonen, M., 'Open plan office as work environment', *TIILI* 1974 nr. 2, 20-25
- Hertzberger, H., 'Immeuble de bureaux "Centraal Beheer", Apeldoorn', *A+* (architecture, urbanisme, design) 1974 nr. 8, 25-33
- 'Herman Hertzberger. Office Building "Centraal Beheer"', *A+U* 1974 nr. 8, 53-62
- Colquhoun, A., 'Centraal Beheer', *Arch +* 1974 sept./okt., 48-55
- Joedicke, J., *Büro und Verwaltungsbauten*, Stuttgart 1975
- 'Bürohaus "Centraal Beheer" Apeldoorn, Holland', *Werk* 1976 nr. 1, 24-25
- Duffy, F., 'Buildings never lie', *Architectural Design* 1976 nr. 2, 105-106
- Aardewerk, S., 'Kwaliteit van de werkplek', *De Architect* 1976 voorjaar, 13-17
- Möller, E., 'Ein Werkplatz für Menschen', *Der Gewerkschafter* 1977 nr. 3, 6-9
- Duffy, F., 'Bürolandschaft '58'78', *The Architectural Review* 1979 nr. 983, 54-58
- 'Offices', *Domus* 1979 nr. 601, 36, Speciale uitgave
- 'Compagnie d'Assurances', *L'Architecture d'Aujourd'hui* 1981 nr. 213, 96-101
- Stevens, H., 'Kantoor van Centraal Beheer na dertien jaar niet verouderd', *Bouw* 1986 nr. 20, 57-59

Experimentele woningbouw (type Diagoon), Delft, 1969-1970
- Hertzberger, H., 'Het Diagoonhuis', *Wonen* 1969 nr. 2, 25
- Bazen, R., '8 diagoonwoningen te Delft' (fotoreportage), *Wonen* 1971 nr. 5, 9-13
- Heuvel, W.J. van, 'Delfts experiment van prof. Hertzberger', *Cobouw* 2-7-1971
- Vriend, J.J., 'Optimistische architectuur in Delft. Hertzberger laat het aan de bewoners over', *De Groene Amsterdammer* 25-9-1971
- Hertzberger, H., 'Unfertige Architektur oder der nutzer als Baubeteiligter', *Bauen + Wohnen* 1972 nr. 9, 406-408
- Jonge, Dr. D. de, 'Aspecten van levensstijl en woonwijze', *De Architect* 1976 nr. 4, 30-32
- Hertzberger, H., 'Die Diagoon-Wohnungen in Delft – eine Form mit Vorschlägen', *Bauwelt* 1976 nr. 5, 474-479
- Hertzberger, H., 'Maisons "Diagoon", Delft', *L'Architecture d'Aujourd'hui* 1978 nr. 196, 20-23
- Experimentele woningen in Delft. "Dit is geen huis voor luie mensen", Delft 1978
- Heuvel, W.J. van, 'Structuralisme: veranderingen en uitbreiding tijdens het wonen', *Polytechnisch Tijdschrift* 1981 nr. 10, 521-528
- Hatch, C.R., *The Scope of Social Architecture*, New York 1984, 12-21

Stedebouwkundig ontwerp Nieuwmarkt, Amsterdam, 1970 (meervoudige opdracht, niet uitgevoerd)
- Delmee, B., H. Hertzberger, 'Plannen voor de Nieuwmarktbuurt', *Forum* 1970 november, 28-36
- Blijstra, R., 'Kiezen voor de Nieuwmarkt', *Plan* 1970 nr. 11, 705-710
- 'Commentaren op de Amsterdamse Nieuwmarktplannen', *TABK* 1970 nr. 22, 517-521

Doelstellingennota binnenstad Groningen, 1971-1972 (in samenwerking met De Boer, Lambooij, Goudappel e.a., niet uitgevoerd)
- 'Leerboekje voor binnenstadsbeleid. Uniek werkstuk uit Groningen', *TABK* 1971 nr. 25, 607-627
- 'Maatstavennota voor de binnenstad van Groningen', *TABK* 1972 nr. 12, 281-304
- *Nota Doelstelling Binnenstad Groningen*, Groningen 1972
- Hertzberger, H., 'Stedebouwkundige uitgangspunten voor universitaire vestigingen in de binnenstad', *Wonen-TABK* 1976 nr. 10, 17-20
- Wijkgebouw De Schalm, Deventer, 1972-1974
- Hertzberger, H., 'Een buurthuis als gebruiksvoorwerp', *Bouw* 1972 nr. 45, 1431-1434

Muziekcentrum Vredenburg, Utrecht, 1973-1978
- 'Het nieuwe Vredenburg', *Knipselkrant van Bureau Voorlichting der Gemeente Utrecht* 16-10-1968
- Hertzberger, H., Sj. Wouda, *Muziekcentrum Vredenburg*, Utrecht 1969
- Hertzberger, H., K.F.G. Spruit, *Schemaplan Vredenburg en Achterclarenburg Utrecht*, Amsterdam 1969
- 'No cultural ghetto', *The Architectural Review* 1976 nr. 949, 170
- Hertzberger, H., 'Centre de musique d'Utrecht', *L'Architecture d'Aujourd'hui* 1978 nr. 198, 48-52
- Blankensteyn, H., 'Das neue Muzikzentrum Utrecht', *Kunst und Kirche* 1979 nr. 3, 141-143
- Hollander, J. den, 'Muziekcentrum Utrecht. De onvoltooide van Hertzberger', *De Architect* 1979 nr. 2, 29-33
- Schoute, R., 'Een voorlopige evaluatie van het Muziekcentrum te Utrecht', *Preludium* 1979 nr. 5, 12-13
- 'Muziekcentrum Vredenburg', *Polytechnische Tijdschrift* 1979 nr. 7, 391-476 (speciaalnummer)
- Hertzberger, H., 'Musikzentrum Utrecht', *Bauen + Wohnen* 1979 nr. 7/8, 303-308
- Sack, M., 'Utrecht Opens a New Concert Hall', *Key Notes* 1979 nr. 9, 22-30
- 'Een herbergzaam muziekcentrum in Utrecht', *Technovisie* 1979 nr. 17, 377-389
- Fischer, R.E., 'In the Netherlands: a truly integrated performing-arts and commercial centre', *Architectural Record* mid-August 1979, 108-113
- Booi, L.G., P.A. Lange, 'Vorm van Utrecht muziekzaal belet goede akoestiek niet', *Bouw* 1979 nr. 18, 37-41
- Hertzberger, H., 'De kwaliteit van de ruimte', *Wonen-TABK* 1979 nr. 24, 9-20
- Dettingmeijer, R., 'Een gebouw als optelsom van grijpbare elementen en ruimten', *Wonen-TABK* 1979 nr. 24, 21-45
- Hertzberger, H., 'A Utrecht un nuovo centro per la musica', *Domus* 1979 nr. 601, 9-20
- Hertzberger, H., 'Muzikzentrum Vredenburg in Utrecht', *Baumeister* 1980 nr. 4, 335-341

- 'Centre municipal de musique Utrecht', *L'Architecture d'Aujourd'hui* 1980 nr. 208, 73-75
- Padovan, R., 'Hertzberger's Vredenburg Music Centre', *The Architectural Review* 1980 nr. 946, 79-87
- Hertzberger, H., 'Music Centre Vredenburg', *A+U* 1980 nr. 115, 57-74
- Taylor, B.B., 'Hertzberger's variations', *Progressive Architecture* 1980 nr. 7, 82-89
- Hertzberger, H., 'Il centro musicale Vredenburg a Utrecht', *Spazio e Società* 1980 nr. 9, 20-51
- *Muziekcentrum Vredenburg*. Projectdocumentatie TH-Delft 1981
- Ruler, D.A. van, 'De taal van het schaken, het schaken van de taal', *Plan* 1981 nr. 1, 25-28
- Jonker, G., 'Das Utrechter Musikzentrum', *Bauwelt* 1981 nr. 9, 300-305
- Cavanaugh, Talaske, Wetherill, *Halls for Music Performance*, 1982, 166-167
- Zeidler, E.H., 'Herman Hertzberger: Music Centre, Utrecht, NL, 1979' in : *Multifunctionelle architektur / multi-use architecture / architecture multifunctionelle*, Stuttgart 1984, 98-101
- Hertzberger, H., M. Kloos, *Muziekcentrum Vredenburg Utrecht*, Utrecht 1985
- Forsyth, M., *Buildings for Music*, Cambridge, U.S.A. 1986, 304-306

Stedebouwkundig plan Schouwburgplein, Rotterdam, 1977 (niet uitgevoerd)

- Kloos, M., 'De uitdaging van het Schouwburgplein', *Wonen-TABK* 1976 nr. 21, 5-19

Stadsvernieuwing Haarlemmer Houttuinen, Amsterdam, 1978-1982

- 'Nieuwe Houttuinen', *Wonen-TABK* 1982, nr. 18/19, themanummer
- Haagsma, I., H. de Haan, 'De bakstenen van Hertzberger', *De Architect* 1982 nr. 10, 70-71
- Kloos, M., 'Haarlemmer Houttuinen: nieuwe buurt, andere bakker?', *De Volkskrant* 14-1-1983
- Hertzberger, H., 'Woningen aan de Haarlemmer Houttuinen te Amsterdam', *Bouw* 1983 nr. 23, 54-57
- 'Haarlemmer Houttuinen Housing/Amsterdam, The Netherlands/1978-1982', in: *Mies van der Rohe Award for European Architecture*, Laren 1990, 66-69

Woningbouw, Kassel-Dönche, 1979-1982

- 'Documenta Urbana in Kassel', *Bauwelt* 1981 nr. 23, 902-906
- 'Weissenhof à Cassel', *L'Architecture d'Aujourd'hui* 1981 nr. 215, 76-77

Ministerie van Sociale Zaken en Werkgelegenheid, Den Haag, 1979-1990

- Buchanan, P., 'Beyond Beheer', *The Architectural Review* 1987 nr. 1083, 34-40
- Cate, G. ten, 'Nieuwe gebouw voor Sociale Zaken nu al omstreden. Herman Hertzberger ontwerpt communicatieve kantoren', *BB management* 1989 nr. 3, 42-44

Bebouwingsvoorstel Forumgebied, Den Haag, 1980 (niet uitgevoerd)

- Zwinkels, C., 'Een "Forum" voor stedebouw', *De Architect* 1980 nr. 10, 80-87
- Heuvel, W.J. van, 'Drie alternatieven gepresenteerd voor het Forumgebied in het Haagse Centrum', *Polytechnisch Tijdschrift* 1980 nr. 10, 589-597
- Hertzberger, H., 'Studie Forumgebied Den Haag', *Plan* 1981 nr. 1, themanummer
- *'Van Forum tot Spuikwartier'*, uitgave van de gemeente Den Haag 1982

Apolloscholen, Amsterdam, 1980-1983

- 'Apolloscholen Amsterdam (1980-1983)', *Forum* 1983 nr. 3, 18-27
- Heuvel, W.J. van, 'Twee architecten bouwden drie basisscholen', *PT/Bouwtechniek* 1983 nr. 7/8, 5-12
- Polin, G., 'Herman Hertzberger, Due scuole a Amsterdam', *Casabella* 1983 nr. 493, 50-61
- Salomons, I., 'Nieuwe Amsterdamse scholen', *De Architect* 1983 nr. 10, 60-64
- Hertzberger, H., 'Similitudes et différences', *L'Architecture d'Aujourd'hui* 1984 nr. 232, 2-11
- Hertzberger, H., 'Zentralraum als Strukturprinzip', *Werk* 1984 nr. 5, 4-9
- Hertzberger, H., 'Twee schoolgebouwen in Amsterdam', *Bouw* 1984 nr. 23, 37-40
- Hertzberger, H., 'Apollo Schools, Amsterdam 1980-83', *Architectural Design Profile* 1984 nr. 11/12, 23-25
- Hertzberger, H., 'Die Apollo-Schulen in Amsterdam', *Bauwelt* 1985 nr. 23, 874-878
- Kinold, K., 'Apollo-Schulen in Amsterdam', *Bauen in Beton* 1986 nr. 1, 10-17

Bejaardentehuis De Overloop, Almere-Haven, 1980-1984

- Buchanan, P., 'Last Resort', *The Architectural Review* 1984 nr. 4, 23-25
- Croset, P.A., 'Residenza per anziani a Almere-Haven', *Casabella* 1984 nr. 508, 52-63
- 'Bejaardentehuis te Almere-Haven', *Bouw* 1985 nr. 21, 27-30
- Watson, E., 'Auf dem Polder. Altenwohnheim in Almere', *Deutsche Bauzeitung* 1985 nr. 11, 17-20
- Gaillardot, L., 'Habitat pour personnes agées', *L'Architecture d'Aujourd'hui* 1987 nr. 251, 84-88, 91
- Weal, F., *Housing the Elderly, Options and Design*, London 1988, 130-136

Woningencomplex LiMa, West-Berlijn, 1982-1986

- Emenlauer, R., 'Bauherren Wettbewerbe', *Arch +* 1984 nr. 74, 59-62
- Hertzberger, H., 'Communication et accessibilité', *L'Architecture d'Aujourd'hui* 1984 nr. 235, 28-31
- *Projektübersicht IBA*, Berlin 1987, 176-177
- Heuvel, W.J. van, 'Samenwerken vanuit gelijke referenties. Stadsvernieuwing van Baller en Hertzberger in Berlijn', *Architectuur/Bouwen* 1987 nr. 1, 9-14
- Buchanan, P., 'Neubau', *The Architectural Review* 1987 nr. 1082, 56-59
- Speciaalnummer IBA, *Baumeister* 1987 nr. 5, 35
- Speciaalnummer IBA, *A+U* 1987 nr. 5, 194-195
- Duwe, P.F., K. Johaentges, 'Holland-Radius', *Deutsche Bauzeitung* 1987 nr. 4, 30-33
- Hertzberger, H., 'Housing on Lindenstrasse Southern Friedrichstadt, Berlin 1982'-86', *Global Architecture* 1988 nr. 23, 120-127
- 'Wohnhaus LIMA, Hertzberger', *L'Architecture d'Aujourd'hui* 1989 nr. 266, 101-103
- Continenza, R., 'Dialogando con i fantasmi dell'IBA, Hertzberger conclude un isolato – Edificio nell'area della Südliche Friedrichstadt', *L'Architettura Cronache e Storia* 1990 nr. 413, 194-200

Openbare Basisschool De Evenaar, Amsterdam, 1984-1986

- Brouwers, R., W. Vierling (red), *Architectuur 1986*, Amsterdam 1987, 25
- Polano, S., 'Herman Hertzberger. Scuola elementare, Amsterdam', *Domus* 1986 nr. 682, 32, 34-45
- Kinold, K., 'Primarschule mit Kindergarten "De Evenaar" in Amsterdam', *Modul* 1988 nr. 3, 13-23
- Heuvel, W.J. van, 'Basisscholen in Amsterdam', *Architectuur/Bouwen* 1988 nr. 2, 19-21

Stedebouwkundig ontwerp Bicocca – Pirelli, Milaan, 1986 (prijsvraagontwerp, niet uitgevoerd)

- *Pirelli Progetto Biocca*, Milaan 1986, 168-181
- Secchi, B., e.a., 'Le occasioni del Progetto – Bicocca', *Casabella* 1986 nr. 524, 27

Gemäldegalerie, Berlijn, 1986 (prijsvraagontwerp, niet uitgevoerd)

- Heuvel, W.J. van, 'Het Berlijnse Kulturforum na Scharoun. Hertzberger behaalde aankoop met ontwerp Gemäldegalerie', *Architectuur/Bouwen* 1987 nr. 3, 43-48
- Kühne, G., 'Der schwierige Umgang mit Fragmenten', *Baumeister* 1987 nr. 6, 26, 30-31
- 'So schnell schiessen die Preussen nicht', *Bauwelt* 1987 nr. 7/8, 210-211

Filmcentrum Esplanade, Berlijn, 1986-

- Dörrie, M., 'Un concorso per l'Esplanade. La casa per il cinema a Berlino.', *Casabella* 1985 nr. 517, 35-37
- Heuvel, W.J. van, 'Herman Hertzberger ontwerpt voor Berlijns Kulturforum', *Architectuur/Bouwen* 1985 nr. 8, 31-33
- Buchanan, P., 'Cézanne, Corb and cinema', *The Architectural Review* 1985 nr. 1065, 73-75
- Hertzberger, H., 'Une autre écriture. Complexe cinématographique Esplanade, Berlin, R.F.A.', *L'Architecture d'Aujourd'hui* 1985 nr. 242, 16-21
- 'Filmhaus "Esplanade" in Berlin (West)', *Architektur + Wettbewerbe* 1986 nr. 127, 42-44
- Heuvel, W.J. van, 'Het Berlijnse Kulturforum na Sharoun', *Architectuur/Bouwen* 1987 nr. 3, 43-48
- 'Oud en nieuw hotel Esplanade W-Berlijn', *Cobouw* 6-1-1988
- 'GA International '89', *Global Architecture* 1989 nr. 23, 87-90

Waterwoningen, experimentele woningbouw Zuiderpolder, Haarlem, 1986-

- Groenendijk, P., *Items* (speciale uitgave over de Zuiderpolder) 1987, 28-31
- Heuvel, W.J. van, 'Experimentele woningen voor de Zuiderpolder', *Architectuur/Bouwen* 1987 nr. 2, 38-40
- Zwinkels, C., 'Haarlems Woningwetexperiment', *De Architect* 1987 nr. 3, 71-72, 74

Theatercentrum aan het Spui, Den Haag, 1986-

- Heuvel, W.J. van, 'Theatercentrum Spui en omgeving', *Architectuur/Bouwen* 1986 nr. 12, 58-59

Uitbreiding Aerdenhout, 1988-1989

- Haan, H., I. Haagsma, 'Hertzberger en de triomf van de ronde buitenwand', *De Volkskrant* 15-11-1989
- Buch, J., 'Een ruimtelijke ervaring', in: *Jaarboek 1989/1990, Architectuur in Nederland*, Deventer 1990
- Croset, P.A., 'Scuola elementare a Aerdenhout di Herman Hertzberger', *Casabella* 1990 nr. 3, 4-11, 59
- 'Herman Hertzberger; Scuola elementare Aerdenhout', *Spazio e Società* 1990 nr. 50, 28-33

Bibliothèque de France, Parijs, 1989 (Prijsvraag, niet uitgevoerd)

- Chaslin, F., 'La Bibliothèque De France', *L'Architecture d'Aujourd'hui* 1989 nr. 265, 184-193

Woonwerkhuis/Atelier 2000, Almere, 1989-1990

- Cate, G. ten, 'Aan de woningbouw kan nog altijd gesleuteld worden', *Bouw* 1989 nr. 9, 8-13
- Hees, C. van, 'Muziekwijk Almere etaleert het wonen in de jaren negentig', *NWR Woningraad* 1990 nr. 8, 19, 22-23
- Steemers, T., 'Uitstalkast van het nieuwe wonen', *Archis* 1990 nr. 5, 25-30